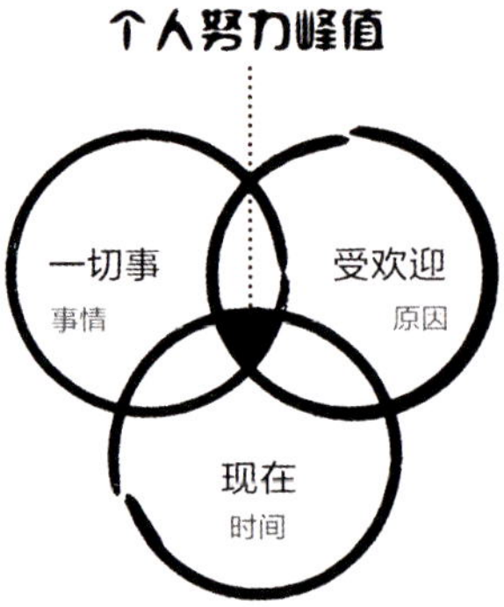

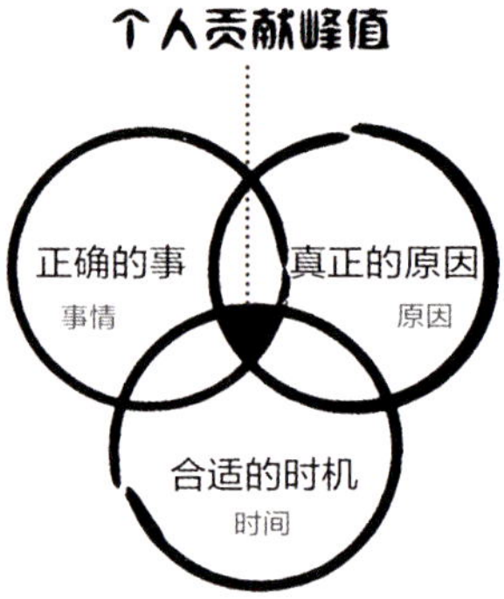

Eliminate

如果答案不是
一个确定的 **YES**
就是
一个肯定的 **NO**

的 精要人生

Your Life,
entially

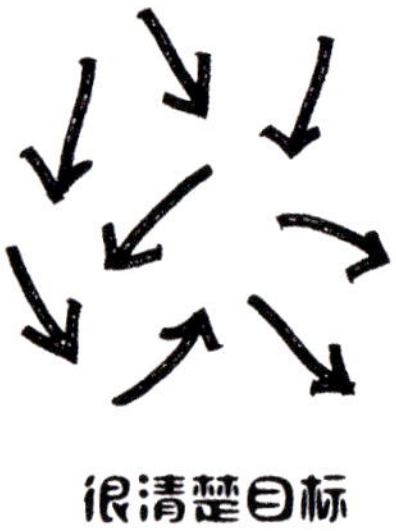

完成 比 **完美** 更重要

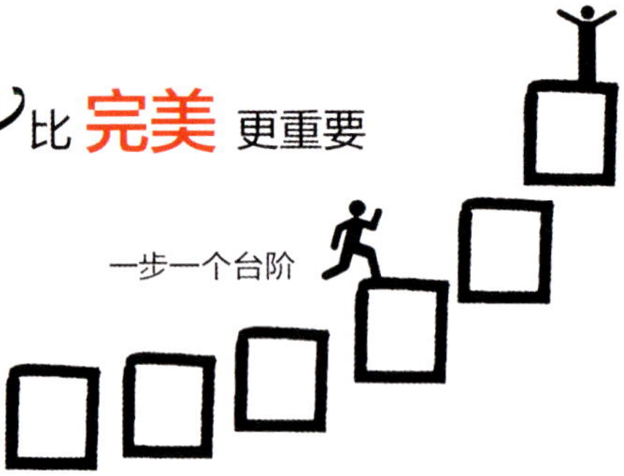

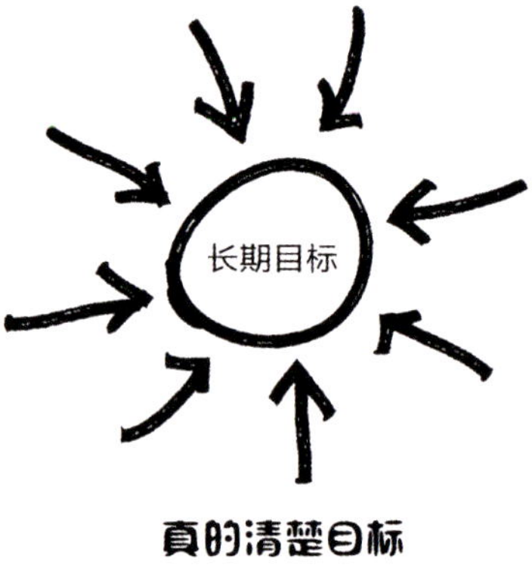

如果不能自己安排
生活的优先次序，
就只能
任由别人替你安排
!

IF YOU DON'T
PRIORITIZE
YOUR LIFE,
SOMEONE ELSE
WILL.

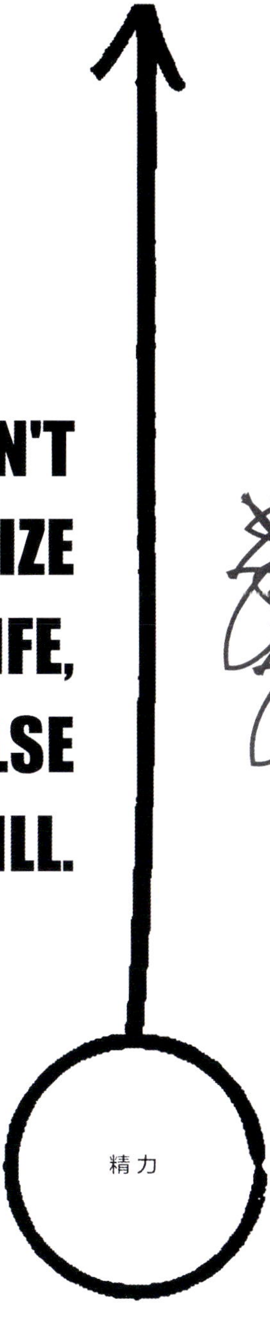

Explore

你付出的苦劳是个人努力峰值，
达成的切实结果才是
个人贡献峰值

Execute

湛庐CHEERS

与最聪明的人共同进化

HERE COMES EVERYBODY

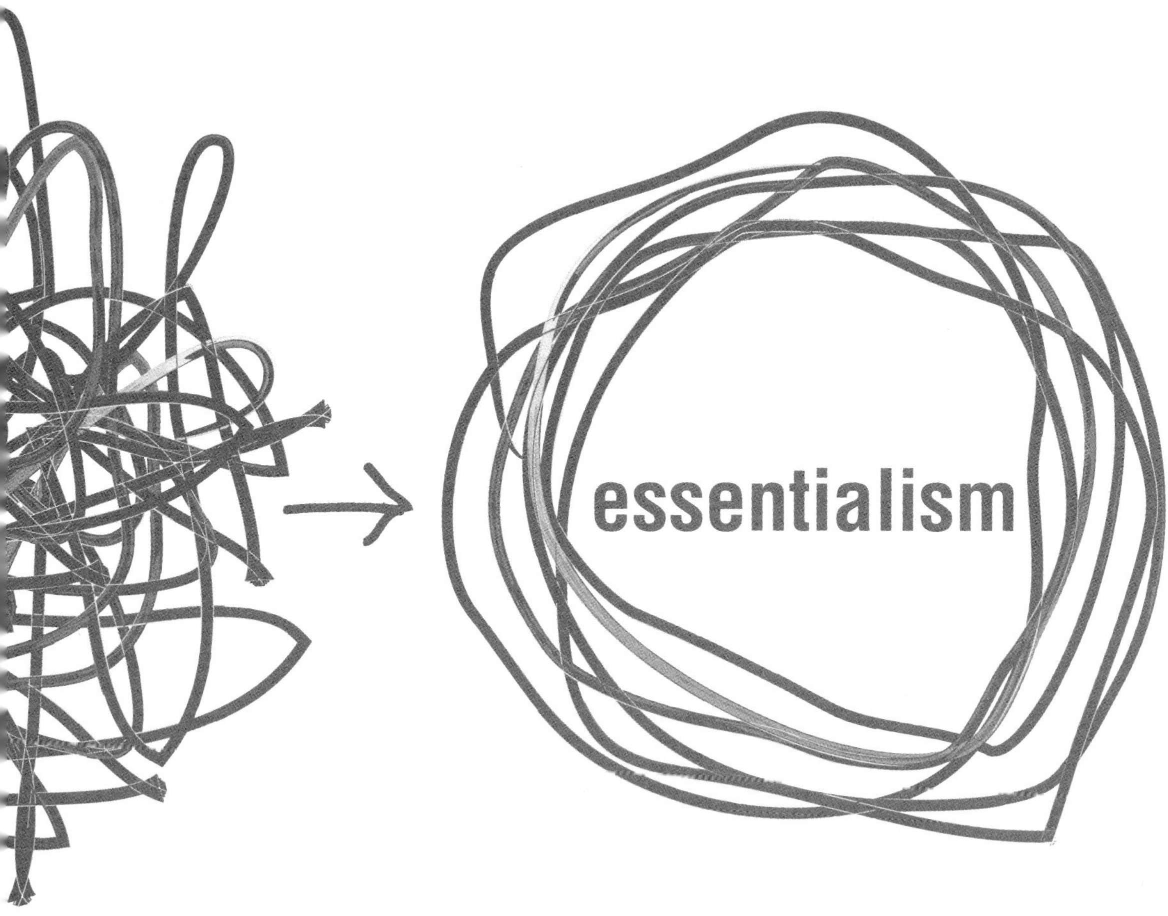

精要主义

THE DISCIPLINED PURSUIT OF LESS

[英]格雷戈·麦吉沃恩 著　　邵信芳 译
Greg McKeown

中国财经出版传媒集团
中国财政经济出版社

测一测

你知道如何让生命归于精要吗?

扫码激活这本书
获取你的专属福利

扫码获取全部测试题及答案
一起了解如何摒弃琐碎、
直抵精要

- 更努力就一定可以带来更多收获吗?

  A. 一定

  B. 不一定

- 我们必须高度重视选择的能力，它的存在独立于其他任何事物、任何人及任何力量，这是对的吗?

  A. 对

  B. 错

- 原封不动地保留现有战略，与此同时试图采用竞争对手的策略，这种做法可以提升企业的竞争力吗?

  A. 可以

  B. 不可以

扫描左侧二维码查看本书更多测试题

21 世纪的史蒂芬·柯维
“精要主义之父”

格雷戈·麦吉沃恩

摆脱拥挤不堪的
工作与生活

摒弃琐碎，直抵精要

成为“精要主义之父”是一个意外的收获。曾经的麦吉沃恩与大多数人一样，会根据别人的建议而做出选择，而忽略了自己要的究竟是什么。促使麦吉沃恩做出改变的，是他的大女儿出生后发生的一件事。那天，麦吉沃恩在医院里陪伴妻子安娜和刚出生的女儿。当同事提出要他去公司参加会议时，虽然百般不情愿，但他依然回到了公司。然而，那次会面没有产生任何效果。麦吉沃恩本来是为了赢得客户的尊重而出席会议，但客户感觉到的却是他不悦的心情。

事情过后，麦吉沃恩开始反思并从中学到了重要的一课：如果你不能为自己的生活安排主次，那就只能任由别人为你安排。作为精要主义的提出者、倡导者和领导者，麦吉沃恩致力于帮助个人和企业摒弃琐碎，直抵精要。他的《精要主义》一书一经出版，就被翻译成多种语言，在全世界

销售超百万册，被 Goodread 选为“一生中最值得阅读的领导力图书”。

此外，麦吉沃恩还在斯坦福大学设计学院开办了“设计你的精要人生”课程，备受青睐和追捧。这门课的唯一目的是给学生们打造一个空间，用以设计他们的人生。每星期，学生们都自觉关掉笔记本电脑和智能手机，让自己的头脑开足马力地思考，练习经过深思熟虑后将最精要的少数从众多好东西中识别和区分出来。

永远选择最省力的路径

在《精要主义》出版之后，麦吉沃恩开始做一些全美巡回的主题演讲，签名售书，并分享他的心声。他去过的机场休息室、乘过的出租车和住过的酒店多到数不清。而比成为“精要主义之父”更棒的是，他成了 4

个孩子的父亲。他想为家庭投入更多的时间，为此，他拒绝了很多无关紧要的事情，尽力成为精要主义的典范，但他发现，当他的生活已经剥离到只剩重要事项时，要做的事仍然太多。他该怎么办？

对此他的结论是：不只要做正确的事，更要正确地做事。他提出一种全新的工作和生活方式——永远选择最省力的路径，让关键的事变得更容易做，帮助人们轻松取得更多成就。这也是《轻松主义》一书的主张，这本书出版后，立即被《纽约时报》和《泰晤士报》评选为畅销书，在亚马逊“时间管理”类图书中名列第 8。

把最重要的事，变成最容易学的事

麦吉沃恩创办了领导力培训公司 McKeown Inc.，并担任 CEO，旨在帮助个人和公司将 80% 的时间集中于重要的少数事务上，并且以聪明的做事方法轻松获得成功。这在世界范围内获得了广泛的认同。他是领导力、巅峰表现和业务增长领域极受欢迎的演讲者，因为他总是能将最重要的事，变成最容易学的事。他在世界各地进行了数百场的培训，包括澳大利亚、保加利亚、加拿大、中国、英国、印度、爱尔兰、意大利、日本和新加坡。很多国际级知名企业，如 Adobe、苹果、谷歌、Facebook、皮克斯、Salesforce.com、Twitter、雅虎等，均邀请他到企业内进行演讲，带领大家找到突破自我，获取更大成功的有效方法。

作为活跃的创新思想领袖，麦吉沃恩曾受邀在“西南偏南”多元创新大会和艺术节发表演讲，也曾接受挪威王储哈康 · 马格努斯的邀请，在其年度创新会议上发言。麦吉沃恩还是世界经济论坛的全球青年领袖，他在

中国举办的“夏季达沃斯”上主持了一场关于“探索社会创新模式”的会议。麦吉沃恩因其独特而引人入胜的演讲风格而广受欢迎。Greater Public 的活动组织者在请麦吉沃恩参加一场千人人会后说道：“我们做这个活动已经 16 年了，麦吉沃恩是我们有史以来最好的演讲者！”

他的文章刊登在《纽约时报》、《快公司》、《财富》、赫芬顿邮报等知名刊物及网站上，也是《哈佛商业评论》和领英上最受用户欢迎的博主之一，平均每月有 100 万次的浏览量。

作者相关演讲洽谈，请联系
BD@cheerspublishing.com

更多相关资讯，请关注

湛庐文化微信订阅号

湛庐CHEERS 特别制作

格雷戈·麦吉沃恩系列作品

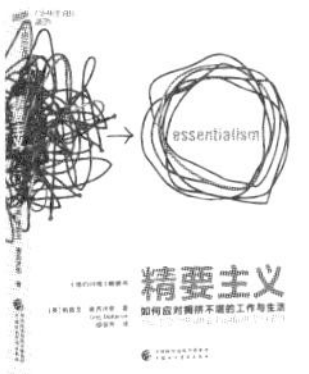

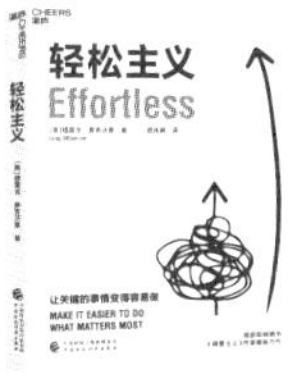

对话麦吉沃恩，精要的力量

Q：《精要主义》即将在中国出版，能否与我们分享您此刻的感受？

A：中国对我来说很特别。每次来这里访问，我都会被中国人对自己前辈怀有的浓厚敬意深深打动。这种敬意很重要，它让我开始相信**代际视角是辨认生命中最重要事务的最有效的方式**。一个又一个瞬间倏忽而过，一封又一封邮件消耗着生命时光，人们很容易错误地认为刚收到的邮件非同小可，而事实上却不过是鸡毛蒜皮而已。**一旦着眼于长远，胸怀一个十年目标，我们就能视野清明，眼光深邃。当我们在进行人生设计时，若能把祖父母和孙子女放在心里，就更能心明眼亮，洞悉事理。因而，中国人的代际文化遗产让精要主义具有了特别的适用性。**

Q：何为精要主义？

A：我住在加利福尼亚的硅谷，我的公司 THIS 总部也在那里。也是在那里，我第一次发现了一个问题，这个问题在中国也同样存在：**专注精要事务，可以通向成功；但成功会带来太多的选择和机会，其结果是最初通向成功的那个专注点土崩瓦解。**成功变成了失败的催化剂，它会让人陷入吉姆·柯林斯（Jim Collins）所称的“盲目地追求更多”的境地。要想走出这种困境，出路就是自律地追求“更少，但更好”。**百折不饶、坚持不懈地追求精要事务，排除非精要的一切，建立一个让执行毫不费力的行为体系，这就是本书所要传达的内容。**

Q：“精要主义者认为几乎一切都不重要”，有很多人质疑这个观点，您想通过它传达什么？

A：很多成功者无法做出更多贡献，原因就在于他们坚持认为一切都是重要的。但是，精要主义者懂得如何将真正重要的事务和其他一切区分开来。

我们生活的世界中，几乎所有的一切都是毫无价值的，只有极少量事物具有非凡的价值，这是我们无法挣脱的现实。正如领导力与人际关系大师约翰·麦克斯韦尔（John Maxwell）写的那样：“几乎一切事情的次要性再怎么高估都不过分。”

Q：这本书多次登上《纽约时报》的畅销书榜单，说明人们对这个话题反应热烈，本书所揭示的问题究竟有多大的普遍性？

A：这个困扰我们的问题，其怪异之处在于，我们不仅知道它的存在，还为此津津乐道。最近就有人向我炫耀说，上两周她忙得焦头烂额，每晚平均只睡四个小时。她不仅不抱怨，还引以为豪。这种现象普遍存在。

为什么非常理性的人会做出如此不理性的行为？我觉得是因为我们

被囚禁在了一个泡沫里，它大得无边，今天要在发达世界生存下去，必然会受到它的影响和感染。它是一切泡沫的泡沫：不仅映照出过去的泡沫（不管是郁金香、硅谷还是房地产泡沫），还加固了所有这些泡沫。我把它称为“升级版泡沫”。

泡沫的本质在于，某种资产的价值被荒谬地高估，一直到最终——泡沫破裂，我们不得不挠破头皮反思自己为什么一开始会激进得如此非理性。现在，被我们高估的资产就是那种什么都要做、什么都要有和什么都要实现的妄想。

Q：**全新的精要主义观点对哪种传统的成功智慧构成了挑战？**

A：成功意味着成为超人，能搞定一切，这种花言巧语欺骗了我们。当然，我们自己也在炫耀忙碌，以为忙就是成功和重要性的不二准则。**精要主义就是要打破这种用忙碌衡量成功的浅见。**

Q：**您的公司 THIS 曾经与 Apple、Airbnb、Pixar、Yahoo、Google、Twitter、Facebook、Symantec 等公司进行过合作，您是否可以告诉我们，这些公司大体上追求的是什么？**

A：因为考虑到能力的诅咒，这些公司对成功人士和团队的低效另有一番见解。它们聘用的都是精英型员工，能够胜任很多种工作。但让员工承担多种工作的风险在于，他们可能最终只能在无数个方向上取得一星半点的进步。**人们觉得他们进展快速，但实际上不过是晕动症，而不是蓄势向前。**因此，一般来说，这些公司希望自己的员工和团队专注于少量事务，从而创造更高的投资回报。

THIS 公司已经开发出了一套系统，能帮助整个企业取消无意义的会议、浪费时间的电子邮件和无目的的项目，代之以在少量能带来改变的重要项目上的投资。事实证明，精要主义对企业以及在这些企业中的个体都大有益处。

Q：在您的企业或个人咨询中，有没有一些极具启发性的案例可以和大家分享？

A：就个人而言，我最近听一个人说，一场可怕的事故害他患上了偏头痛，他每周只能工作 15~20 个小时。他说，《精要主义》这本书让他重新获得了生命，因为他认识到自己可以做到事半功倍。他真的做到了。和他的谈话很有意义。

就企业而言，我刚刚和一家大型企业的首席执行官通完电话，他已经运用精要原则让整个公司的面貌大为改观。这就是THIS做的事情:**帮助每个人专注于最重要的事物，从而帮助企业实现突破升级。**

Q：正规教育对于您目前所取得的成绩有多大的帮助？

A：我的本科专业是新闻学，它是仅有的几个能教你如何正确提问的专业之一——几乎所有的正规教育都在教你如何找到正确的答案。就其本身而言没什么问题，**但是正确地提问是一种更高级、更有价值的技能。**

Q：在您看过的电影中，您认为哪部最好地诠释了精要原则？为什么？

A：我喜欢电影《甘地》。甘地本人就是一个精要主义者，这部电影捕捉到了这一点。因为目的纯一——为印度人民争取独立，他将其余一切都从人生中排除了。

近期我在南非演讲时，参观了位于凤凰城的甘地故居。我读到了甘地的诗，据说这是他写的唯一一首诗。在诗中，他写下了“把自己降为零”的诗句。这句诗可以作为他不断进行的精要实验的名称：他穿着家纺布（印度土布）衣服，并鼓励他的跟随者也这样穿；他三年不读报，因为他发现报上的内容只会给他的生活徒增无意义的混乱；他简餐缩食35年；他每周都有一天沉默不语。如果说他摒弃了消费主义，未免太过保守——离世的时候，他只有不到十样东西。他有意不担任任何形式的政治职务，却成了印度国父。

甘地做出的贡献远不止于印度。阿尔伯特·爱因斯坦曾说：“在未来的时代，可能极少有人会相信，这样一个血肉之躯曾经在地球上匆匆走过。”我们无法否认，**甘地的人生是一种真正有意义的人生，对精要事务的专注能力和对非精要事务的决绝摒弃是他成功的关键。**

Q：哪本非商业类书让您学到了最有价值的商业经验？

A：我能不能以一篇文章而不是一本书来回答这个问题？这篇文章由田纳西·威廉斯（Tennessee Williams）所著，最初发表在《纽约时报》上，讲述了他在发表备受好评的剧作《玻璃动物园》（*The Glass Menagerie*）之后的经历。文章标题为《成功的灾难》（*The Catastrophe of Success*），该标题就清楚表明了他的论点。威廉斯在文中描述了剧本成功之后，他的生活中发生的种种变化，以及他如何偏离了那些最初使他成功的重要事情。

我被一个问题困扰了15年之久：**“为什么已经很成功的人和团队不能突破进阶到更高的层次？”其原因正如威廉斯揭示的那样，就是成功**。这显然是一个违反直觉的回答，并非显而易见。**我们所有人，**

都需要学习如何在成功中变得成功。

Q：彼得·德鲁克说："没有比高效率做无用功更无用的事了。"您怎么看这句话？

A：这显示了德鲁克的才华，我完全认同这个观点。绝大多数提高生产率的方法都不外乎增强适应性，提高效率。**精要主义的本质在于排除最重要事务以外的一切，因为我们正在努力完成的事情中有太多是根本不应该做的。**

Q：很多人抱怨他们没有时间锻炼，精要主义如何能帮助他们获得锻炼时间？

A：锻炼本身不是什么难事，每天决定是否锻炼才是真正让人头疼的。在任何一天，我们只有这么多可锻炼的项目。解决办法就是把这些项目发展为一种体系或常规，让未来每天的执行变得更容易。

Q：您认为在未来，精要主义会变得更重要吗？

A：我认为我们在未来面对的挑战还是和现在一样，但它将是一个被更加普遍接受的痛点。德鲁克说："在几百年中，如果从一个更长远的视角来书写我们这个时代的历史，史学家们可能会发现最重要的不是技术，不是因特网，也不是电子商务，而是人类的境况发生了史无前例的变化。**这是历史上第一次，拥有选择的人数有了极大增长，而我们的社会却还完全没有准备好应对这一切。"**

因此，**对于首席执行官们来说，真正的挑战在于，当面临的选择如此之多时，如何授权整个企业专注于真正重要的事务上。**最优秀的首席执行官能够在 1 米到 1 万米之间创造出清晰的目标和战略，并鼓励人们围绕焦点团结协作。听起来似乎很简单，但需要一个精要主义者授权企业所有成员都成为精要主义者，并付诸实践。

Q：哪个问题您本希望在采访中被问到，却没有问到？您将怎样回答？

A：你决不会做的事情是什么？答案是："听滚石乐队的歌。"因为我是披头士的粉丝！

Q：最后您还有什么想说的？

A：我想说，中文版《精要主义》的出版让我感到责任重大。当我每天早上 5 点起床写这本书的时候，心中曾一次次地希望，这本书将给别人带来变化。现在，看到全世界有这么多人会受到此书长久的影响，这对我来说很有意义，我也对此心怀感激。

ESSENTIALISM

目录

Part II
EXPLORE

精要主义者养成的第一步：探索

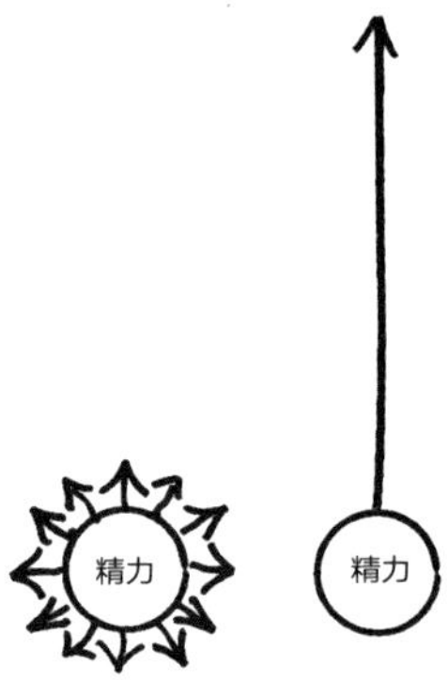

导读
区分无意义的多数和有意义的少数

Part III
ELIMINATE

精要主义者养成的第二步：排除

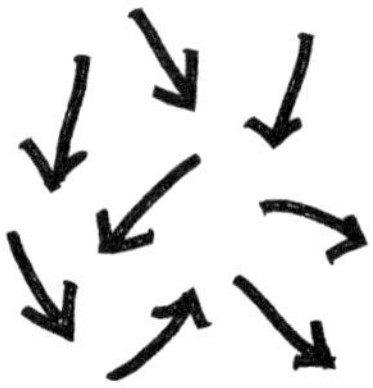

导读
摆脱无意义的多数

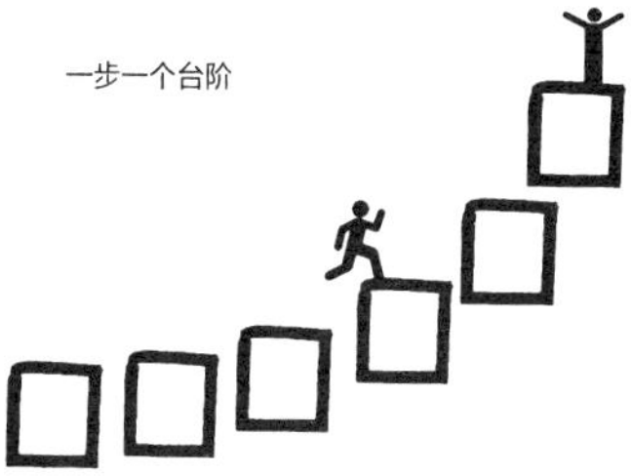

Part IV EXECUTE 精要主义者养成的第三步：执行

引　言

The Essentialist

设计人生，以一种精要的方式

> 生之智慧，在于摒弃不必要之事。
>
> ——林语堂

	 非精要主义者	 精要主义者
思考	**所有事，所有人** “我必须做。” “一切都重要。” “怎样把一切都安排妥当？”	**更少，但更好** “我选择做。” “重要的只是少数。” “怎样权衡取舍？”
做法	**盲目地追求更多** 对最紧迫的事情做出反应 不加思索地满口答应 在最后一刻仓促执行	**自律地追求更少** 停下来区分、辨别重要事情 非精要之事一律说“不” 为方便执行清除障碍
收获	**生活不如意** 承担太多任务，工作成了折磨 感到失控 不确定该做的事情是否已经做了 感到不知所措、精疲力竭	**生活充满意义** 精心挑选有价值的工作 一切尽在掌控中 完成该做的事情 享受旅程的快乐

萨姆·埃利奥特（Sam Elliot）[1]是美国硅谷一位颇有才干的经理人，但当他的公司被一家官僚习气浓重的大企业收购后，他发现自己精力涣散，不堪重负。

在新的岗位上，他认真负责，忠于职守，对很多要求甚至不假思索就一口答应。结果，他终日奔波于各种会议之间，企图让每个人都满意，把每件事情都做好。然而工作质量的下降，令他感到压力陡增。他仿佛成了处理琐事的专家，工作不仅不再给他带来满足感，而且还让他费力取悦的那些人也感到不满。

萨姆沮丧不已之时，公司为他安排了一项提前退休计划，但当时不过才五十出头的萨姆不想就这样彻底退休。于是，他萌生了创办一家咨询公司的想法，为先前从事过的行业提供咨询服务，甚至想到了要当现在公司的咨询顾问，赚雇主的钱。但是，这些想法都不能令他心动。因此，他向一位良师益友请教，得到了一个令人吃惊的建议："留在现在的公司，但是只做咨询顾问的工作，其余一律不做。不要告诉任何人。"简单来说，这位导师建议他

① 此处使用化名。

只做自己认为重要的事，忽略其他一切别人要求的事。

萨姆听从了这项建议！他制订了删减烦琐事务的日常计划，并开始说“不”。

开始时他还有点犹豫，试探着用一种较为保守的标准来衡量那些要求：“如果我有时间、有条件的话，能不能完成这项任务？”如果答案是不行，那就拒绝。令他又惊又喜的是，尽管人们被拒绝时会流露出失望的表情，但也会尊重他的诚实。

这些小小的胜利让他变得更加大胆。现在，如果有人提出要求，他会停下来，用一种更加严格的标准评估：“这是我现在必须用自己的时间和资源来处理的最重要的事情吗？”

如果不能非常肯定地回答“是”，他就会拒绝这项要求。而令他高兴的是，虽然同事们刚被拒绝时有些失望，但很快就变得更加尊重他。

萨姆受到了鼓舞，开始将这种选择标准推行到所有事情上。过去，他总是自愿承担那些最后一刻才出现的工作，现在他想方设法不再主动揽活；过去，他常常是所有收件人中最早回复的那个，现在他不再争强好胜；如果兴趣不大，就不再参加电话会议；如果不需要信息，就不再去旁听每周的新情况通报会；如果不能有什么直接的贡献，就不再出席已经排期的会议。他解释说：“仅是一个邀请，并不足以让我参加。”

刚开始，他觉得这样做有些自我放任。但是通过选择性地接受任务，他为自己赢得了空间，进而找到了创造的自由。他可以集中精力攻克一个项目，做出周密计划，提前预测困难，努力清除障碍。由于不再开足马力试图搞定一切，萨姆得以专注于该做之事。只做真正重要的事情并忽略其他一切，这个新发现的专注式工作方法令他的工作恢复了高质量。他不再试图在多件事情上取得零星的进展，而是以排山倒海之势集中全力做成真正重要的事情。

坚持了几个月后，萨姆发现自己不仅白天的工作时间更加充裕，而且晚上下班后还有了更多时间享受家庭生活。他说："我重新找回了自己的家庭生活！不用再加班至深更半夜才回家了。"现在，他下班后就关掉手机，不再做时刻听命于手机工作指令的奴隶。他还经常去健身房锻炼身体，与妻子一起外出共进晚餐。

令他始料不及的是，这些尝试并未产生负面的影响。主管没有为难他，同事们也没有怨恨他。恰恰相反，留给他的都是些对他而言意义重大、对公司来说也极具价值的项目，他的工作得到了比以前更多的尊重和重视。他在工作中获得了更多的满足感，业绩排名也随之上升，最终赢得了职业生涯中最可观的奖励！

这个故事体现了精要的基本价值主张：若要最大限度成就真正重要之事，切忌贪多求全，事事应允。

你呢？你有多少次不假思索地答应别人的请求？你有多少次恨自己答应去做什么事，事后却疑惑不解地自问"我为什么要揽下这件事"？你是否经常为了取悦别人或者避免麻烦而点头答应？"是的"是否已经成了你的默认答复？

现在，请回答下列问题：

- 你是否曾感到心力交瘁？
- 你是否曾感到劳累过度却又没有发挥所能？

● 你是否曾觉得自己只擅长做琐碎小事？

● 你是否曾感到自己忙忙碌碌却又效率低下？

● 你是否觉得自己一直在奔忙，却总是到不了任何地方？

如果你对上述任何一个问题的回答是肯定的，你就需要借助精要的力量。

更少，但更好

迪特·拉姆斯（Dieter Rams）曾任德国博朗公司（Braun）首席设计师多年。他遵从“几乎一切东西都是噪声”的理念，认为只有极少的东西是重要的。他的任务是滤掉噪声，直抵精要。例如，24 岁那年，公司安排他与人合作开发一种电唱机。当时的普遍做法是将转盘置于一个实木的盖子内，或者把唱机嵌入到一件起居室的家具中。然而，迪特和团队删繁就简，设计了一种透明塑料盖的唱机。由于这种设计在当时尚属首例，而且又显得过于惊世骇俗，人们担心它会把公司搞垮，因为没有人会买这样的唱机。但是，摒弃非精要之事从来都是需要勇气的。到了 20 世纪 60 年代，这种设计开始风靡，最终成了所有其他唱机竞相模仿的设计典范。

迪特的设计标准可以概括为一种典型的简洁原则，在德语中仅用三个单词即可体现：Weniger aber besser，意思是“更少，但更好”。这也是对精要最恰当的定义。

精要主义正是对“更少，但更好”的不懈追求。这意味着不是偶尔为之，而是把追求“更少，但更好”当成行事的铁律。

精要主义并不是下一个新年决心要对更多的事情说“不”，不是删减收件箱里的信件，也不是掌握新的时间管理策略，而是不断地停下来问问自己：“这些事情值得我投入时间和精力吗？”世间事务和机会之繁多，远非个人的时间和资源所能及。尽管其中不乏好事，有些甚至非常好，但绝大多数都是无意义的琐事，重要之事少之又少。**学会区分差异——过滤筛选所有选项，并从中择其真正精要之事而为之，是精要之准则。**

精要主义不是如何完成更多的事情，而是如何做好对的事情。它也不是提倡为了少做而少做，而是主张只做必做之事，尽可能做出最明智的时间和精力投资，从而达到个人贡献峰值。

精要主义者和非精要主义者的行为差异可见下页图片。在这两幅截然不同的图像中，付出的努力是相同的。在左图中，精力被分散到了很多不同的事上，结果就是在每件事上都取得了零星进展，但都不能令人满意。在右图中，同样的精力被用到了少数几件事情上，由于精力集中从而在最重要的事情上取得了显著进展、获得了令人满意的结果。**精要主义者拒绝接受我们能做所有事情的想法，而是要求我们进行真正的权衡取舍并做出艰难决定。**在很多情况下，我们可以学着做一些一次性决定，它们相当于未来的一千次决定，这样就省得一次次用同样的问题来折腾自己。

精要主义，就是对自己的生活进行设计规划，而不是事事依循默认设置。精要主义者并不是应激性地做出选择，而是有意识地区别重要的少数和不重要的多数，精减非精要之事，然后清除障碍，从而为精要之事提供清晰顺畅的实现路径。换句话说，**精要是一种自律的、系统的方法，用于决定个人贡献峰值的所在，然后轻松地执行。**

精要主义让个人选择尽在掌控之中。它是一条能让人获得新的成就和意义的道路。在这条路上，我们尽享旅程的快乐，而不仅仅是到达目的地的欣

精力
精力

喜。然而，尽管有种种益处，依然有太多的阻力干扰我们奉行“更少，但更好”这条铁律，这或许解释了为何有那么多人最后迷失在了非精要的道路上。

成功的悖论

在加利福尼亚州一个阳光明媚的冬日，我去医院看望妻子安娜。虽然身处医院，安娜看起来仍容光焕发。不过我知道，她其实非常疲惫，因为前一天刚刚诞下我们的大女儿，一个健康活泼、体重约 3.2 千克的宝宝！

然而，在这个原本应该是我一生中最幸福、最安详的日子里却充满了紧张和不安。漂亮的新生儿正躺在疲惫母亲的臂弯里，我却还在接工作电话，回工作邮件，心中充满了会见客户前的那种压力和紧张。我的同事在邮件中写道：“星期五下午一点到两点之间最好别生孩子，因为我需要你过来参加会议，同客户见面。”现在正是星期五，尽管我非常肯定（或者说起码我希望）这个邮件不过是个玩笑而已，但依然感到了要去参加会议的压力。

我当然知道自己该干什么。这个时候我显然应该陪在妻子和宝宝身边。因此，当有人问我是否出席会议时，我鼓起勇气说……

“出席。”

当妻子和刚出生的宝宝躺在医院里的时候，我去参加了那个会议，这真令我羞愧难当。事后，我同事说：“你决定来参加会议，这会赢得客户的尊重。”但是，我并没有在客户的脸上发现所谓的尊重。相反，他们都觉察出了我的不悦，这在他们脸上反映出来了。我到底干了什么？答应参加仅仅是为了不得罪人，而这样做却伤害了我的家庭，违背了我的原则，甚至还影响了客户关系。

结果，那场会面没有产生任何结果。不过就算有进展，这也是一个愚蠢的交易。为了让每个人都高兴，我牺牲了最重要的东西。

在对这件事情的反思中，我学到了重要的一课：

If you don't prioritize your life, someone else will.

如果不能自己安排生活的优先次序，
就只能任由别人替你安排。

这段经历重新燃起了我对阅读的兴趣，我不知疲倦地探究为何聪明人总是用别的方式来做出个人生活和职业生涯中的各种决定？为什么我们的潜力要远远大于我们实际运用的？我们如何更深入地挖掘运用自己以及其他所有人的内在潜力？

为了找到这些问题的答案，我放弃了在英格兰法学院的学习，前往加利福尼亚州斯坦福大学攻读研究生。我花了两年多时间与人合著了一本书，名叫《乘法器：最优秀的领导人如何让每个人变得更聪明》（*Multipliers：How the Best Leaders Make Everyone Smarter*）。在这本书的启发下，我在硅谷创立了一家战略和领导力公司，它让我能够和全球最有意思的一些公司中最能干的一部分人一起工作，帮助他们成为精要主义者。

在工作中，我见过被重重压力团团围住而喘不过气来的人，这样的人世界各地都有。我指导过的人中不乏"成功"人士，但他们却因为急于要把一切都做到尽善尽美而拼死拼活，承受着无以言表的折磨。我也见过有些人受制于控制欲极强的领导，意识不到自己并不是"必须"要去做所有这些别人要求的事，因为那纯粹是瞎忙，别人并不领情。我曾不知疲倦地研究过为什么那么多聪明、机灵、能干的人会深陷非精要主义的囹圄而无法自拔。

我的发现让我大为吃惊。

我曾和一位干劲十足的经理人一同工作过，他从小就从事并热爱技术工作。凭借自己的专业知识和工作激情，他赢得了越来越多的机会。因为急于建功立业，他尽其所能地广泛阅读，满怀激情地追求自己能做的一切。当我见到他的时候，他极度活跃，试图什么都学，什么都做。他好像每天都能找到一个新的爱好，有时候甚至是每个小时。在这个过程中，他没办法从不重要的多数中找到重要的少数，他觉得一切都重要。结果，他的精力变得越来越分散，只能在多件事情上取得零星的进步。劳累过度，却又未人尽其才。就在这个时候，我向他勾画了本书第 8 页图片中左边的那个图形。

他盯着那个图形看了很长时间，直到那种诡异的沉默被打破。随后，他情绪激动地说道："这就是我的人生！"然后，我又画了右边的那个图形。"如果你能想明白，为了实现个人贡献峰值。自己最该做的一件事情是什么，那么将会发生什么呢？"我问道。他由衷地回答说："就是这样。"

其实，很多聪明又有抱负的人都难以回答这个问题，他们都有极为合理的理由。其中之一就是在社会中我们因为正确的行为（说"不"）而受到惩罚，因不正确的行为（说"好"）而受到奖赏。前者往往会令当时的气氛变得尴尬，而后者通常会得到赞美。这种情形导致的后果被我称为"成功的悖论"，主要可概括为以下 4 个可预见的阶段：

- 第一阶段：如果我们真的有清晰的目标，它有助于我们取得成功。
- 第二阶段：当我们成功时，就会被冠以"可以去找的人"的称号，成为"老好人"，只要你需要，就总能找到这个人。这样，我们就能得到更多的选项和机会。
- 第三阶段：当我们拥有了更多的选项和机会，实际上也就被要求付出更多的时间和精力，这样便会导致精力的分散。我们被千头万绪的事情牵扯得越来越无法集中精力。
- 第四阶段：因为精力分散，我们无法实现原本可以实现的个人贡献峰值。成功所带来的后果最终瓦解了最初指引我们走向成功的那个真正清晰的目标。

奇怪的是，对成功的追求反而成为失败的催化剂，这一点需要反复强调以便我们能成功。换句话说，成功会让我们偏离最本质的事情，这些事情最初曾是成功的源泉。

这样的例子我们身边比比皆是。吉姆·柯林斯在其《再造卓越》（*How the Mighty Fall*）一书中探讨了那些曾是华尔街宠儿的公司为何最后会走向衰败。他发现，很多公司最终失败的关键原因是“不假思索地贪多求全”。很多公司如此，很多在这些公司里工作的员工也是如此。但是这其中的原因何在?

非精要主义来袭

在几大趋势的共同作用下，非精要主义如风暴般强势袭来。

选择的数量呈指数级增长

我们都已经注意到了在过去十年中，人们面临的选择呈指数级增长。也许正因为如此，在这众多的选择中，我们反而看不到最重要的选择了。

正如彼得·德鲁克所说：“几百年后，当我们回看历史洪流中的当下这个时代，史学家们可能会发现，最重要的不是技术，不是因特网，也不是电子商务，而是人类的境况发生了史无前例的变化。这是历史上第一次，拥有选择的人的数量有了极大增长,而我们的社会却还未完全准备好应对这一切。”

我们没有准备好，在一定程度上是因为这是第一次，我们面临的选择之多大大超过了我们对此进行管理的能力。我们无法将重要之事从不重要之事中筛选出来。心理学家们称之为**“决定疲劳”：要做的决定越多，决定的质量就越差。**

高度互联与信息过载导致社会压力增大

除了选择的数量呈指数级增长之外，干扰我们决定的那些外部影响因素的力量和数量也在增长。虽然现在有很多关于高度互联时代是什么样的，以及信息过载会如何分散注意力的论述，但是更大的问题是这种连接如何导致了社会压力的增大。今天，技术已经为人们之间分享彼此的关注点扫除了障碍，**现在的问题不是信息过量，而是观点过多。**

“你可以拥有一切”的错误引导

我可以拥有一切，做好一切，这种观点我们并不陌生。这种神话已经被兜售了很长时间，我相信今天所有活着的人都不能对此免疫。它在广告中被兜售，在公司里被追捧，还被植入到职位描述中，而这样的职位往往都会提出一大串的技术和经验要求。它也在需要参加过几十种课外活动的大学入学申请中出现过。

新的现象是，在如今选择和期望呈指数级增长的时代，这种神话将会产生多大的破坏力？它会令原本就已经忙碌过度的生活雪上加霜；它会造成一种嘴上宣称工作生活平衡，但实际上却希望员工的智能手机全年全天候开机待命的公司文化；它会让讨论 10 个“最优先项目”的员工会议开得不带任何讽刺色彩。

THE UNDISCIPLINED PURSUIT OF MORE

不假思索地贪多求全。

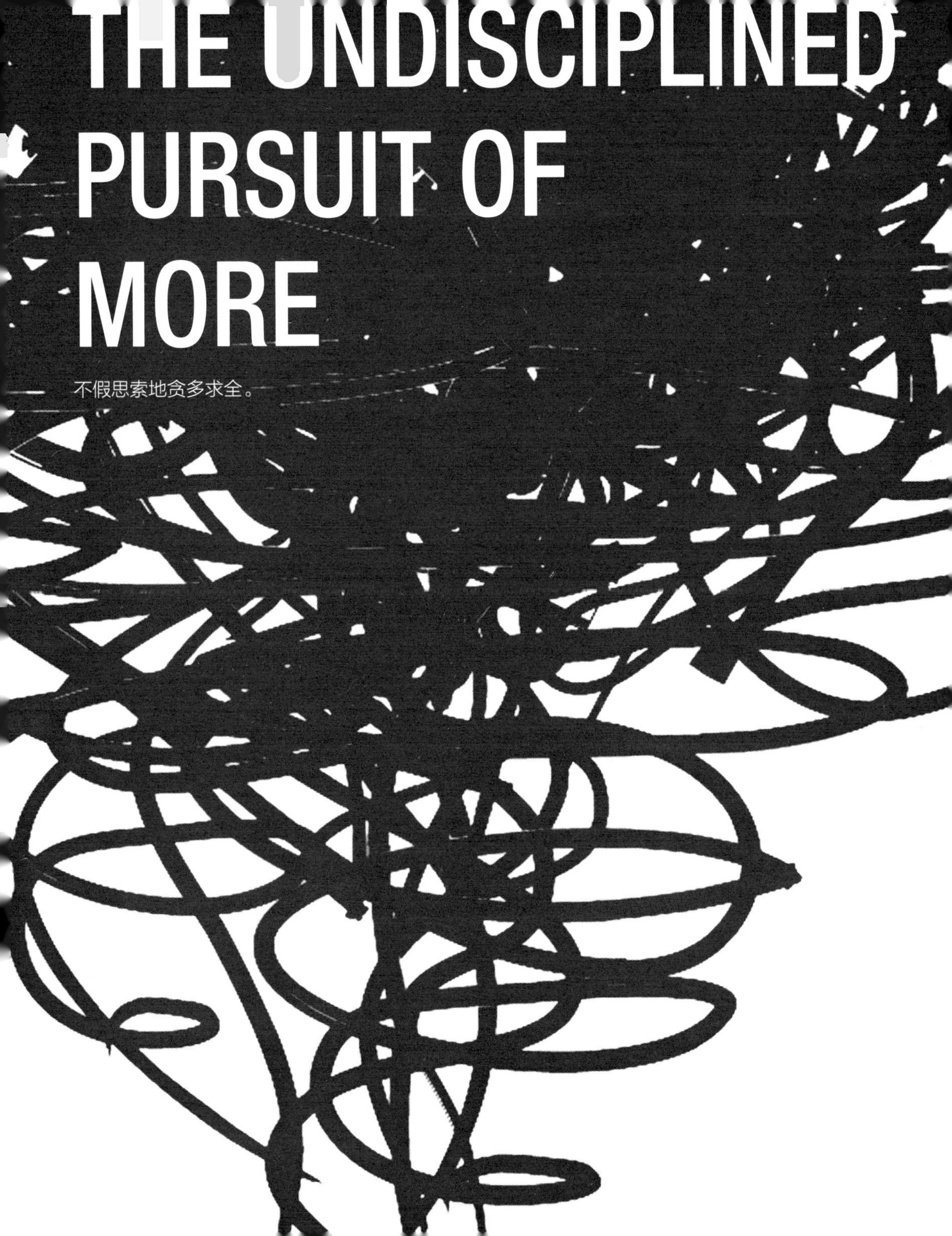

“priority”一词最早于 15 世纪进入英语。它是单数名词，意为“第一”或“优先的事物”。在接下来的 5 个世纪里，它一直保持着单数形式。直到 20 世纪，人们才创造了它的复数形式，并开始讨论“priorities”。我们为此找了一个不合逻辑的理由，就是通过改变这个词语来改变现实。现在，通过某种方式我们就可以拥有很多“第一”的事情，许多个人和公司就常常这么做。有个领导跟我说过他在一家公司的经历，那家公司有“优先 1 号，优先 2 号，优先 3 号，优先 4 号和优先 5 号”。乍一听给人一种有很多事情都是优先级的印象，但实际上什么都不是。

当我们努力要做到一切和拥有一切的时候，会发现自己正在牺牲一些收益作为交换条件，而这些收益是自己永远不会去主动追求的。当我们不去有目的地慎重选择该把精力和时间集中于何处时，别人——老板、同事、客户，甚至家庭，就会替我们做出选择。用不了多久，我们将对所有有意义的和重要的事情视而不见。要么自己慎重选择，要么受制于别人的计划，非此即彼。

曾经有一位名叫布鲁尼尔·韦尔（Bronnie Ware）的澳大利亚护士，他照顾过生命只剩最后 3 个月的病人，并记录下了这些人讨论最多的遗憾。在这些遗憾中，最大的遗憾是：“我希望有勇气真正按自己的想法生活，而不是按照别人的期望而活。”

为自己而活，不只是偶尔说说“不”，而是要有目的地、深思熟虑地、战略性地淘汰那些不重要的事情；不仅要摆脱那些明显浪费时间的事情，还包括放弃一些很好的机会；不要疲于应付那些让你在多条战线上作战的社会压力，要学会减少、简化，并通过淘汰其余一切来聚焦于绝对重要之事。

人生与事业的断舍离

这本书对你的人生和事业的意义，与一个专业的收纳达人将给你的衣柜带来的变化相似。设想一下，如果你从不整理自己的衣柜，它会变成什么样子？它会是整整齐齐，架子上只挂着很少的几件你爱穿的衣服吗？当然不是。如果你从不有意识地去整理它，它就会凌乱不堪，里面堆满了你很少穿的衣服。有时甚至变得实在无法使用，逼得你不得不去整理。所以，除非你有一套很规范的整理方法，否则，你要么继续留着那一堆很少穿的衣服，因为不知道哪些衣服该扔；要么因为不小心扔了可以穿而且想留着的衣服而后悔不已；要么还留着一堆其实不想留但又没办法处理的衣服，因为你不确定它们被放在哪儿了，也不知该如何处理它们。

随着不穿的衣服越积越多，衣柜就会变得凌乱拥挤。同样，随着好心承诺和应承下来的事情越积越多，我们的人生也会变得杂乱无章。而且，绝大多数这样的努力根本没有尽头。除非我们找到系统的方法进行清理，否则这样的杂乱状态将会永远持续下去。

以下是精要主义者整理衣柜的方法。

1. 探索

不要问："这衣服我以后还会不会有机会穿？"而要问一些更加规范、更加尖锐的问题："我喜欢这件衣服吗？""我穿上这件衣服好看吗？""我穿这衣服的次数多吗？"如果回答是否定的，那么你就知道该淘汰它了。

在你的个人生活和职业生涯中，问自己喜欢哪件衣服就如同问自己："这件事情或这份努力有可能会对我实现目标做出最大的贡献吗？”本书第二部分将帮助你弄清这些事情是什么。

2. 排除

假设你把衣服归为两类，一类是“必须保留”，另一类是“可能需要处理掉”。但是，你真的打算把“可能需要处理掉”的衣服塞进袋子里送走吗？归根结底，这里面有一种沉没成本：研究表明，对于自己已经拥有的东西，人们对其价值的评价要高于其实际价值，因此要放弃就更难。如果这还不能令你信服，那么就试试这个要命的问题：“如果我现在没有它，那么我会花多少钱来买它？”这么问往往能奏效。

换句话说，仅仅确定了哪些事情和努力不能帮你实现个人贡献峰值还不够，你还要积极地淘汰它们。本书第三部分将告诉你如何淘汰那些非精要的东西，不仅如此，它还要告诉你该怎么做才能帮你赢得同事、老板、客户和对手的尊重。

3. 执行

如果要使自己的衣柜保持整洁，你就要经常整理。用一个大袋子装好要扔掉的东西，把想留下来的东西堆成一小堆。你要了解弃物存放地和当地旧货商店的营业时间，并预先安排好去那儿的时间。

也就是说，一旦弄清了哪些活动和努力要保留——就是能让人实现个人贡献峰值的那些，你就需要一种方法来使执行变得毫不费力。本书第四部分将教会你创造一种能让重要的事情完成得毫不费力的方法。

当然，生活并不像衣柜里的衣服那般静止不变。衣服可以静静地待在衣柜里，早上我们离开时是什么样，晚上回去还是什么样（除非家里有小孩！）。但在人生的“衣柜”里，新衣服——占用我们时间的新需求，却在源源不断涌来。想象一下，如果你每次打开衣柜的门，都发现别人已经在里面塞了他们的衣服；如果你每天早上把衣柜收拾干净，到了中午却发现它已经被塞得满满当当，那是怎样一种感受。不幸的是，这是很多人生活的真实写照。有多少次你按照工作计划开始新一天的工作，但到了上午 10 点却已经在忙其他的事情，或是完全落后于工作进度了？有多少次你在早上列了一个“待办事项”的清单，但到了下午 5 点却发现这个单子越拉越长？有多少次你期盼着能够待在家里与家人共度一个清静的周末，但直到周六早上你还淹没于各类琐事、各种约见和无法预见的倒霉事儿里？不过幸好，这里有条出路。

精要主义就是要为整理人生的“衣柜”创造一种方法。但是，它可不像你整理衣柜那样，只要一年整一次，一月整一次，或一周整一次就行。它是一种铁律，你必须在每次面临答应或婉拒的决定时执行。它是一种方法，帮你在很多好东西和一小部分真正重要的东西之间进行权衡取舍。它会告诉你如何做到更少，但更好，这样你就可以在人生的每个珍贵瞬间里尽可能地收获更多。

本书将告诉你，如何去过一种真正属于自己的生活，而不是依从他人的期望而活。**它会给你指明一条路径，让你的人生和事业更有效率，更有成果，更令人印象深刻。它将告诉你一种系统的方法，让你弄清楚什么是重要的，淘汰掉不重要的，并轻松地执行那些精要之事。简而言之，它将教会你把“追求更少”运用到生活的方方面面。**

从精要思维到精要行动

本书共分4个部分。第一部分勾勒了精要主义者的思维模式。接下来的3个部分将这种思维模式转化为一种系统化程序，用来执行“追求更少”这条铁律，你可以把它们用在你碰到的任何一种情况和做出的任何一种尝试中。

精要主义者的核心思维模式：时间与精力只用于有意义的事

这部分概述了我们试图躲避的三种现实，没有它们，精要思维就毫无意义或无从谈起。

- 选择：我们可以选择如何支配自己的精力和时间。若无选择，讨论权衡取舍就没有意义。
- 甄别：几乎一切都是噪声，只有少数事情价值非凡。正因为如此，我们应该费时费心地去辨别什么才是最重要的。有些事情比其他事重要得多，因此费力找到它们是磨刀不误砍柴工。
- 取舍：我们不能什么都有，也不能什么都做。如果可以的话，我们就大可不必评估和淘汰各种选项。一旦接受了取舍的现实，就不要再问：“我怎样才能完成这一切？”而是要问一个更加诚实的问题：“我要解决的问题是什么？”

只有理解了这些，我们才能像精要主义者那样思考。一旦彻底接受并理解了它们，那么本书中所提供的很多方法在我们的生活和工作中就会变得自然而然，并成为一种本能。践行这些方法要遵循以下3个简单的步骤。

探索：区分无意义的多数和有意义的少数

精要主义的一个悖论就是，相比非精要主义者，精要主义者实际上会探索更多的选项。尽管非精要主义者致力于什么都做或者几乎什么都做，但并未经过实际探索；而精要主义者在真正行动之前会系统地探索和评估多个选项，因为他们会在一两个大的设想或项目上大干一场，所以一开始就会慎重地探索更多的选项，来确保自己做出的选择是正确的。

通过运用更加严格的标准，我们能够挖掘出大脑中复杂的搜索引擎。如果我们搜索“一个好机会”，会找到很多页的搜索结果。但如果我们可以进行高级搜索并且问3个问题：令我深受启发的是什么？我特别擅长的是什么？在这世上能满足我重大需求的是什么？自然就不会有那么多搜索结果页需要查看了。但这正是练习的重点所在。**我们不是要找过多的好事情去做，而是寻找个人贡献峰值的所在：重要的事情，恰当的方式，合适的时间。**

精要主义者在探索上面花了尽可能多的时间，倾听、辩论、质问、思考。但并不是探索完就结束了，探索的最终目的是从无意义的多数里识别出有意义的少数。

排除：摆脱无意义的多数

我们很多人答应一些事情，是因为要急于取悦别人或者让自己不同凡响。然而，**说“不”才是实现个人贡献峰值的关键所在。彼得·德鲁克曾说：“说‘不’可以让人变得高效，因为说‘不’的人会说‘这不是我的事’。”**

排除非精要之事意味着要对有些人说“不”，并且是经常性说“不”。这意味着要将那些社会期待拒之门外，要做到这一点极需勇气和同情。因此，

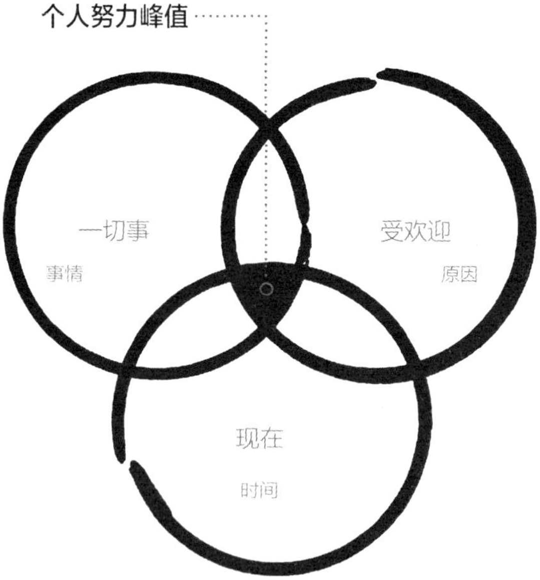
个人努力峰值
一切事
事情
受欢迎
原因
现在
时间

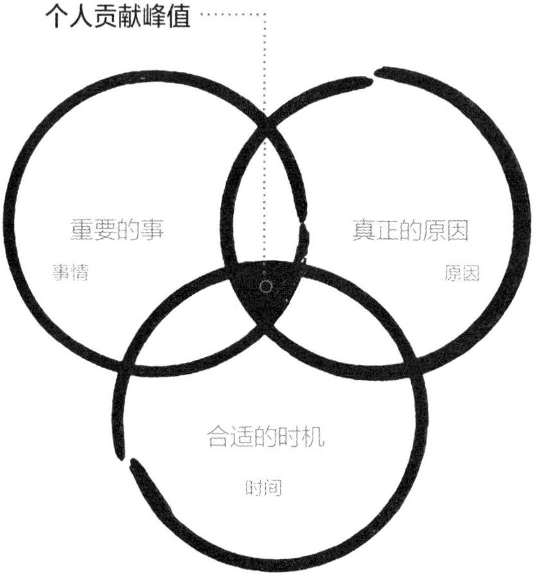
个人贡献峰值
重要的事
事情
真正的原因
原因
合适的时机
时间

淘汰非精要之事不仅是心智的训练，也是情感的训练，比如必要的时候对社会压力说“不”。

考虑到取舍的现实性，我们不能选择什么都做。真正的问题不是我们怎样才能做到这一切，而是谁来决定我们做什么和不做什么。记住，**当我们丧失选择权的时候，别人会替我们做出选择。所以，要么慎重地选择有所不为，要么不由自主，任人摆布。**

本书这一部分提供一种淘汰非精要之事的方法，让我们赢得时间去做真正重要的事。只有这样我们才能建立一种平台，尽可能使执行变得毫不费力。

执行：让有意义的少数做起来毫不费力

不管是要完成一项工作任务，还是要迈向事业的新台阶，抑或是要为伴侣安排一个生日聚会，我们往往都会觉得执行的过程充满了困难和阻力，必须硬着头皮强迫自己去“完成”。精要方法却截然不同。**不是逼着自己去执行，而是把时间省下来创造一种方法，用来扫除障碍，使任务执行起来变得尽可能轻松自如。**

探索，排除，执行并不是呈周期性循环的独立事件，若我们能持续运用，就能获得越来越多的收益。

恰逢其时的一种理想

法国剧作家、小说家维克多·雨果曾说：“世上有一种东西比所有的军

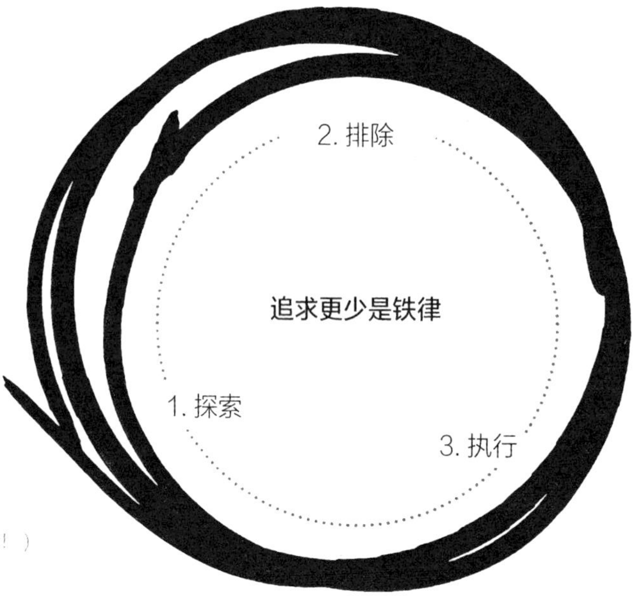

（坚持这样做！）

队都更为强大，那就是恰逢其时的一种理想。”“更少，但更好”正是一种恰逢其时的信条。

一旦我们允许自己在选择去做什么时变得更挑剔，一切都会改变。我们就拥有了开启人生下一辉煌阶段的钥匙。我们拥有无尽的自由来学习排除非精要之事，不再受控于别人的安排，并自己做出选择。有了这种无敌的力量，我们就能找到自己对个人的人生和事业，乃至全世界的贡献峰值之所在。

假如学校取消课外作业，代之以能给社区带来变化的重要项目，那么结果会如何？假如所有的学生都能有时间考虑自己未来的个人贡献峰值，以免毕业时无路可走，那么结果又是如何？

假如企业不再开那些无意义的会议，而是让员工有思考空间并开展最重要的项目，那么结果会如何？假如员工推掉一大堆浪费时间的电子邮件、目的不明确的项目、没有成效的会议，以便为公司和自己的职业生涯倾尽所能，那么结果又是如何？

假如社会不再告诉我们要拥有更多本事，而是允许我们去创造更多呼吸和思考的空间，结果会是如何？假如社会鼓励我们拒绝去做那些非己所愿的事情，拒绝即使缺钱也要买自己并不需要的东西，拒绝去取悦那些自己不喜欢的人，那么结果又如何？

假如不再有人向我们过分吹嘘更多的好处，也不再有人贬低更少的价值，那么结果会如何？

假如我们不再因忙碌而自认为自己很重要，并为此洋洋得意，结果会如何？假如我们在乎自己花了多少时间来悉心聆听，沉思默想，享受与生命中最重要的人在一起的时光，那么结果又会如何？

假如全世界人都不再盲目地追逐更多，而是自律地追求“更少，但更好”，那么结果又会如何？

我憧憬，所有人都有勇气为自己真正喜欢的而活，不再为取悦别人的期望所累。

我憧憬，每个人——儿童、学生、母亲、父亲、员工、经理、高管，乃至全世界的领导人，都能学着去挖掘出更多的智慧、才能和谋略，更积极地投入到一种有意义的生活中去。我憧憬，人们来到这个星球是为了要做些什么，并且能不改初衷，勇敢地去做。我憧憬，一场对话可以启发一项行动。

要驾驭这样的勇气，我们必须踏上正确的道路，因为生命何其短暂，而在这短短的余生里自己究竟要成就什么，是需要我们反思的。诗人玛丽·奥利弗（Mary Oliver）写过这样的诗句：“告诉我，你要干什么 / 在这野蛮却宝贵的人生里？”

恕我冒犯，我要求你做更多的停歇，问问自己这个问题。

恕我冒犯，我要求你马上承诺，为自己留出更多空间享受本质和精华。你是否有那么一刻后悔做这个决定？有没有可能你某天醒来时会说：“我要是不这样忠实于自己，而是按别人的要求做完一切不重要的事就好了？”

恕我冒犯，我要帮助你建立一种方法，它将不公平地支持重要的少数多过不重要的多数。

恕我冒犯，我要求你在更大程度上成为一名精要主义者。本书不提倡回到从前那些简单的岁月，不是要你远离电子邮件，也不是要你不上网，更不是要你像一名隐士那样离群索居。那将是开时代的倒车。本书要提倡的是运用“更少，但更好”的原则，活在当下和未来。那将是一种创新。

因此，我要求你别像我女儿出生那天时的我那么傻。我有信心，这个决定会令你受益匪浅。可以想象，如果在这个星球上的每个人都能放弃一件虽不错但却不重要的事情，代之以真正重要的事情，那么世界将会变得多么美好。

若干年（希望是很多很多年）后，当你走到人生的尽头，可能仍有很多憾事，但是，你不太可能会因为曾追求过精要主义而悔恨。回到此时此刻，为了这个机会——一个对自己真诚的机会，你愿意舍弃什么？到生命终结的那一天，你希望自己今天做出了怎样的决定？

如果你已经准备向自己的内心深处探求对此问题的回答，那么就已经在精要主义的道路上准备启程了。让我们一起出发吧。

Part Ⅰ

精要主义者的核心思维模式

essence

What is the core mind-set
of an Essentialist?

ESSENCE

导读

时间与精力只用于有意义的事

精要主义不是一种教人再多做一件事情的方法，而是一种教人如何做事的不同方法。它是一种思维方式，但要把这种思维方式内化于心绝非易事。因为某些固有的想法总被人兜售推销，它们不断地把我们拉回到非精要主义的逻辑上来。该部分中每章都会呈现一个非精要主义的谬误，然后用精要主义的正确方法来改正它。

要像精要主义者那样行事，我们必须克服三种根深蒂固的想法："我必须做"，"这些都重要"以及"我能二者兼顾"。这些想法仿佛神话中的海妖，危险可怕而又魅惑十足，会引诱我们坠落并淹没在浅水水域里。

要抓住精要主义的本质所在，我们应该摒弃这些错误的思维，拥抱三条核心真理："我选择我要做的事"，"只有小部分事情是重要的"以及"我能做任何事但不是所有事"。这些简单的真理把我们从非精要主义的浑浑噩噩中惊醒，让我们去自由地追求真正重要的事情，并实现个人贡献峰值。

拂去非精要主义的重重迷雾，代之以精要主义的核心逻辑，我们就会自然而本能地像精要主义者那样行事。

CHAPTER 01

CHOOSE

The Invincible Power of Choice

模式一

选择，一种战无不胜的力量

人之所以为人，就在于选择的能力。

——马德琳·恩格尔

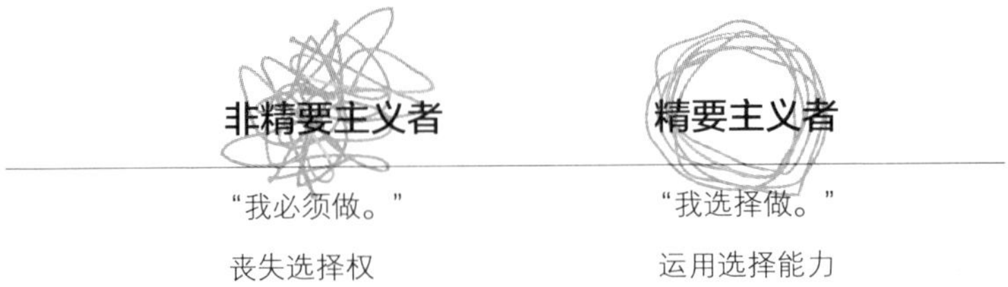
非精要主义者
“我必须做。”
丧失选择权
精要主义者
“我选择做。”
运用选择能力

我坐在一幢摩天写字楼的大厅里，睁大眼睛盯着手中的一张纸。正是黄昏时分，楼里仅剩的几个人正在为晚上的活动涂脂抹粉，精心装扮。那张纸上涂鸦着的文字和箭头是一场长达 20 分钟的头脑风暴的产物，写的都是我此刻打算要干一辈子的事情。看着看着，我突然意识到缺了点东西——法学院未被列在上面。能注意到这点，是因为我已经在英格兰的法学院学习半年了。

我申请学习法律是因为总有人建议我要“让自己的选择具有开放性”。一旦学成，我就可以当律师，写法学著作，教授法律课程或者从事法律咨询工作。那样我就可以随心所欲地施展自己，或者起码可以这样推断。然而，我几乎从一开始学习法律，就没有在那些试图多面出击的追求中进行选择。我白天读法律书，晚上看那些重量级管理学家的著作，闲暇时间用来写作。这是一种典型的“横跨战略”，企图同一时刻面面出击。结果，我既没有在任何一项追求中彻底失败，也没有在任何一个方面大获全胜。很快，我就开始怀疑所有这些开放的选项究竟有什么重要的?

正当我困惑不解之时，有位在美国的朋友打来电话邀请我去参加他的婚礼。他已经买好机票并且寄了过来。我满怀感激地接受了他的邀请，离开英格兰，踏上了一次意想不到的冒险之旅。

在美国，我抓住一切机会与教师和作家们会面。有一次，我见到了一位非营利性教育集团的总裁。在我离开他的办公室时，他随口提了一句："如果你决定留在美国，你应该过来加入我们的咨询委员会。"

这句题外话令人好奇不已。他不是在问一个具体的问题，而是做了一种假设，那就是我有一种选择："如果你决定留在……"他将之视为一个真正的选择。我因此陷入了思考。

我离开他的办公室，乘电梯下到大厅。我从别人桌上随手拿了一张纸，在大厅里找了个地方坐下，试图回答这个问题："如果一生只能做一件事情，你会做什么？"

结果就是我之前提到的那样，我没有在那张纸上写下法学院。

在那一刻之前，我虽然在逻辑上一直都知道自己可以选择不学法律，但是在感情上，不学法律从来都没有成为我的选项。那一刻我意识到我浪费了自己的选择权。没有考虑法学院以外的其他学校就直接选择了法学院——不是因为我真的想去那儿上学，而是因为没有进行选择。我觉得，在那个时刻我第一次认识到了，**一旦我们放弃自己的选择能力，别的力量或者别的人就会插手替我们做出选择。**

几个星期以后，我正式从法学院退学，离开英格兰前往美国开始了作家和教师的职业生涯。大家能够读到这本书恰恰是因为那个选择。

然而，这个特殊的选择在我人生轨迹上所产生的全部影响中，我尤为看重的是它进一步改变了我对选择的看法。**人们常把选择视为一种事物，但它不是事物。我们面临的选项也许可以算是事物，但选择是个行为动作。它**

不仅是我们拥有的东西，而且是我们做出的行动。这种经历令我茅塞顿开，我们也许无法完全左右自己会有哪些选项，但是可以永远掌控自己如何从中选择。

你是否曾因为觉得自己别无选择而纠结困惑？你是否因为陷于“这我不能做”和“这我必须做”的矛盾思维的夹缝中感到压力重重？你是否一点点放弃了自己选择的力量，直到盲目听命于他人为你设定路径？

如果你果真如此，那么你就跟很多人同病相怜了。

习得性无助与选择能力缺失

很久以来，人们过分强调了选择（我们面临的选项）的外部条件，而低估了选择（我们的行动）的内在能力。这不仅仅是一个语义学上的问题。试想一下，**选项（事物）会被拿走，而进行选择的核心能力（自由意志）却不会。**

我们是如何以及为何忘记了选择的能力，关于这个问题有一种重要的见解来自马丁·塞利格曼（Martin Seligman）[①]和史蒂夫·梅尔（Steve Maier）的经典作品。他们在对德国牧羊犬进行实验时偶然发现了一种现象，后来将其称为“习得性无助”。

塞利格曼和梅尔将一群狗分成三组。第一组狗被拴上了系带，并被施以电击，但它们可以压下操作杆来停止电击。第二组狗被拴上了同样的系带，分到了同样的操作杆，面临同样的电击，不过有一个陷阱：操作杆坏了，致

① 美国心理学家，“积极心理学之父”，认知疗法的主要倡导者之一。想了解马丁·塞利格曼的更多思想，请阅读由湛庐文化策划的幸福著作（套装共 5 册），包括《持续的幸福》《真实的幸福》《活出最乐观的自己》《认识自己，接纳自己》《教出乐观的孩子》。——编者注

The ability to
choose cannot
be taken away
or even given
away——it can
only be forgotten.

选择能力不会被夺走，
不会被丢弃，
只会被遗忘。

使狗无法对付电击。第三组狗仅仅被拴上了系带，不施加电击。

然后，所有狗都被放到了一个笼子里，笼子中间放置有一块隔板，隔板的高度是狗可以轻易跳过去的。隔板的一边有电击，另一边没有电击。有趣的现象出现了。那些在前期的实验中能够停止电击或者没有遭到电击的狗很快学会了跨过隔板，到达没有电击的那一边。但是无力应对电击的那些狗没有这么做，它们没有做出反应或调整，没有采取任何措施来避免电击。这是为什么呢？因为除了遭受电击，它们不知道还有其他的选择。它们有了习得性无助。

这一实验为人类以几乎相同的方式形成习得性无助提供了证据。我听说，有一个孩子一开始很勤奋地学习数学，他努力了一次又一次，但是成绩却总

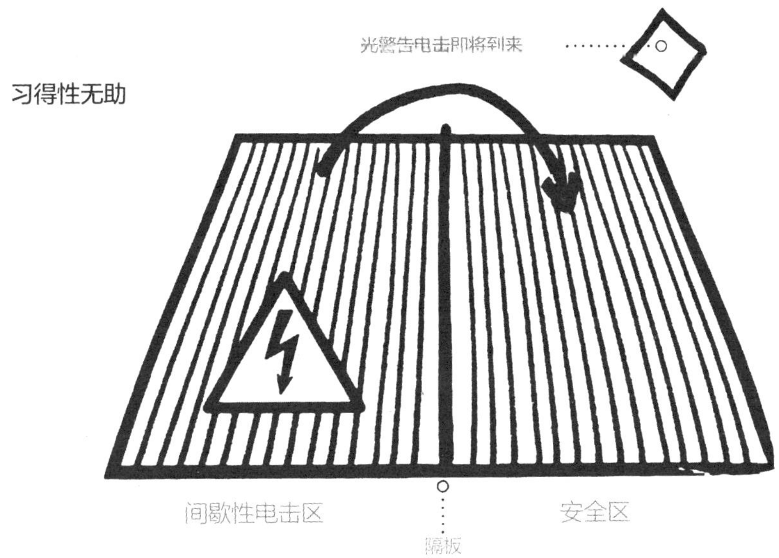

不见好，因此他最后放弃了。他认为自己所做的一切努力都是无用的。

我也发现，在我工作过的许多组织里也存在这样的习得性无助。当人们感到自己的努力无关紧要时，往往会采取两种方法中的一种来应对。有时他们会抽身退出不再尝试，就像那个数学怎么也学不好的孩子那样。另一种方法一开始并不引人注意。他们不是抽身退出，而是表现得极度活跃。他们会抓住每一个机会，积极参与每一项工作，热情万丈地解决每一个难题，竭尽全力做好一切。乍一看，这种行为未必像习得性无助。努力难道不是让人们相信自己重要和有价值的明证吗？但是进一步审视就会发现，**这种强迫自己去做更多的方式不过是一种障眼法罢了。这样的人不相信自己可以选择机遇、任务和挑战，而是认为自己“必须什么都做”**。

我首先要承认选择是困难的。根据定义，选择意味着拒绝一件或多件事情，这会带给人一种失落感。工作之外，选择会变得更加困难。每次我们去商店、饭店或者任何一个卖东西的地方，那里的一切都设计得精致美观，让人欲罢不能。不管是政治广告还是权威演说，其目的都是让听众无论如何都不要去给另一方投票。每当岳母（我岳母除外）来电让我们干这干那时，我们无论如何都不会觉得自己还有别的选择。如果以这样的眼光审视我们每天的生活，就会发现将自己的选择能力抛之脑后一点儿都不意外。

然而，选择却是成为精要主义者的核心所在。**精要主义者必须高度重视选择能力，将之视为一种战无不胜的力量，它的存在独立于其他任何事物、任何人及任何力量。**美国心理学之父威廉·詹姆斯（William James）曾这样写道：“我的第一个自由意志行为就是相信自由意志。”这就是为何在精要主义者的养成之旅中，你必须掌握的第一种并且是最重要的一种能力就是做出选择的能力，它涉及生活的方方面面。

忽略了选择的能力，就等于选择了无助。眼看着自己的能力被一点一滴蚕食，最后只得服务于他人的选择，或者服务于自己过去的选择。结果，我们将自己的选择能力拱手相让。这就是非精要主义者所为。

精要主义者不仅重视选择能力，而且还庆幸它的存在。他们深知，一旦将自己的选择权拱手相让，那么就不仅给予了他人这种力量，而且还明确地授权他人来替自己做出选择。

精要TIPS

- 不加思考的努力等同于习得性无助。
- 无视拒绝带来的“失落感”。
- 高度重视选择能力，它的存在独立于其他任何事物、任何人及任何力量。

CHAPTER 02

DISCERN

The Unimportance of Practically Everything

模式二

甄别，几乎一切都是噪声

宇宙中存在的绝大多数事物——人类的行为和其他一切力量、资源、观念，都没有什么价值，也产生不了什么结果。只有少数事物效果非凡，影响巨大。

——理查德·科克

非精要主义者

认为几乎一切都重要

将所有机会等同视之

精要主义者

认为几乎一切都不重要

区分重要的少数和不重要的多数

在乔治·奥威尔（George Orwell）的经典寓言小说《动物庄园》（*Animal Farm*）里，我们认识了一个虚构的主人公——一匹名叫“拳击手”（Boxer）的马，他被刻画得既忠诚又强壮。每当遭遇挫折和碰到问题时，他总说：“我会更努力。”哪怕是在最痛苦的境遇里，他都遵循着这样的信条，直到他耗尽了力气，伤病交加，被送到屠马场。他是一个悲剧性的角色：不管用意多么美好，他的不断努力实际上却加剧了庄园里的不平等，并导致了更多的问题。

我们是不是在某些情况下与“拳击手”有点相似？面对挫折，我们是不是常常只会让自己变得更加坚定，更努力而持久地工作？每当面临挑战，我们是否常做出“是的，我也能行”这样的回答？毕竟，从小受到的教育告诉我们，努力是结出硕果的关键，而且很多人为了外界强加给他们的任务和挑战拼尽全力，他们的业绩和能力确实给他们带来了丰厚的回报。然而，对于那些已经在努力工作的能人来说，努力工作的价值是否会有极限？是否存在一个临界点，在这个点上做得更多并不会带来更多？有没有一个点，在这个点上做得更少（却想得更多）反而会产生更好的效果？

做得更少，效果更好

记得小时候，我想自己挣点儿零花钱。那时在英国，当报童是一个12岁的孩子能找到的仅有的几份工作之一，一天的工钱是一英镑，工作时间大概是一小时。因此，在一段时间里，我每天早上上学前，都会拉着一个看上去比我还重的大袋子，挨家挨户地送一小时报纸（顺便说明一下，我们不能把报纸扔到人家门廊上就走，这和美国不一样。我们必须要把报纸拿起来用力整个儿塞进人家家门上的小信箱里）。这点零花钱挣得着实不易。

为了每天挣这一英镑，我历经千辛万苦，这永久而彻底地改变了我对心仪事物所需成本的看法。从那时起，每当我想要买什么东西的时候，我都会把它换算成我需要送多少天报纸来衡量。一英镑的报酬等于一小时的奔波忙碌。我发现，按照这种比率计算，买一辆自己喜欢的玩具小汽车需要攒好一阵子的钱。

然后，我就开始琢磨如何才能加快攒钱的速度，我想到了自己周六上午可以不去送报纸而去给邻居家洗车。每辆车两英镑，我可以在一小时之内洗三辆车。突然，工作时间和英镑的比率由1∶1变成了1∶6。这给我上了重要的一课：某种工作会比其他工作带来更多的报酬。

几年后，我读大学，期间去一家培训公司工作。我在那儿的客户服务部工作，薪酬是每小时9美元。用时间和报酬之间的比率来衡量一份工作本非难事，但是我知道**真正重要的是时间和结果之间的关系**。

因此，我问自己："在这份工作中能够获得的最有价值的东西是什么？"结果发现最有价值的莫过于留住原本要流失的客户。因此，我努力说服客户不要离开我们公司，很快便创造了客户流失率为零的成绩。每留住一个客户，我都能获得奖励，由此我学到了更多，挣到了更多，也贡献了更多。

努力工作当然重要，但并不是说更努力就一定可以带来更多收获。“更少，但更好”可以。

费兰·阿德里亚（Ferran Adrià）可以说是世界上最伟大的厨师，他主持的西班牙斗牛犬餐厅是全球最著名的餐厅。他起码在两方面集中体现了“更少，但更好”的原则。

- 第一，他擅长将传统食材打散成最基本的分子状态，然后再以人们从未想象过的方式创新重组。
- 第二，尽管斗牛犬餐厅每年晚餐预订量约为 200 万份，但每晚只为 50 名客人服务，每年只营业 6 个月。

事实上，在本书写作之际，费兰已经完全停止了供餐，而是将斗牛犬餐厅转变为专业的各类食品实验室，在那里，他唯一继续的是追求更高超的厨艺。

要习惯“更少，但更好”的想法也许不如听上去那么容易，尤其是当我们过去因付出了很多很多而获得了回报时。但是在一定程度上，更多的努力会导致发展进入不再变化或增长的稳定期，甚至停滞不前。诚然，结果和努力之间存在直接关联的理念是有吸引力的，它看上去很公平。然而，很多领域的研究结果却显示出了一幅迥然不同的图景。

无意义的多数与有意义的少数

绝大多数人听说过“帕累托原理”，该原理早在19世纪90年代由维尔弗雷多·帕累托（Vilfredo Pareto）提出，它指出80%的成果是由20%的努力产生的。很久以后，现代质量管理之父约瑟夫·摩西·朱兰（Joseph Moses Juran）于1951年在他的《质量控制手册》（*Quality-Control Handbook*）中发展了此理论，并称之为**“重要少数法则”（the Law of the Vital Few），即人们可以通过解决问题当中一个微小的部分来极大地提高产品的质量。**他在日本找到了一个愿意进行试验的企业，当时该企业的品牌声誉很差，以生产成本低、产品质量差而出名。通过集中大量精力和注意力仅对少量真正重要的环节进行改进，他让“日本制造”这个词拥有了一个全新的含义。质量革命逐渐使日本崛起成为全球一大重要经济体。

对“不重要的多数”和“重要的少数”的区分可被用于人类各种大大小小的努力中，理查德·科克（Richard Koch）对此进行了令人信服的实践。他写了好几本关于如何应用帕累托原理（80/20法则）的著作。的确，类似的例子比比皆是。

沃伦·巴菲特有句名言：“我们的投资策略接近于昏睡状态。”他的意思是说，他和他的公司只做相对较少的投资，并且会长时间地保持。在《巴菲特之道》（*The Tao of Warren Buffett*）一书中，玛丽·巴菲特（Mary Buffett）和戴维·克拉克（David Clark）解释道：“在从业早期，沃伦就断定自己不可能做出数百项正确的投资决策，所以他决定只投资自己有绝对把握的行业，然后在那上面押下重注。他90%的财富仅仅来自10项投资。**有时候，你不做什么恰恰和你做什么一样重要。**”简而言之，他在少数至关重要的投资机会上押重注，放弃那些仅仅只能算作好的机会。

有些人认为努力和收获之间的关系更加不是线性的，他们信奉科学家们所称的**“幂次定律”。根据幂次定律，某种努力与其他努力相比，确实会使成果呈指数级增长。**比如，微软公司前首席技术官纳森·米尔沃德（Nathan Myhrvold）曾表示（当面向我确认过）：**“最优秀的软件工程师的开发效率比一般的软件工程师不是强 10 倍或 100 倍，甚至不是 1 000 倍，而是 10 000 倍。”**这或许有夸张的成分，不过仍然说明了某种努力相比其他努力确实会大大改善效果。

一个不争的事实是：我们生活的世界中几乎一切都是无价值的，仅有极少的事物例外。正如约翰·麦克斯韦尔所写：“几乎一切事情的次要性再怎么高估都不过分。”

抛开 1∶1 的逻辑，我们就开始认识到了追求精要的价值。我们发现，很多我们追求的好机会远不如极少数真正的契机有价值。一旦认识到这一点，我们就开始扫描环境，追寻那些重要的少数，并且急切地淘汰那些不重要的多数。只有这样，我们才能拒绝好机会，拥抱真正的契机。

这就解释了为何精要主义者要花费时间来探索自己的所有选项。这种额外的时间投资是值得的，因为有些东西实在是至关重要，它们会 10 倍地回报为找到它们所付出的努力。换句话说，**精要主义者们用更多的时间来辨别，以便花更少的时间来做，正所谓磨刀不误砍柴工。**

很多能干的人无法提升贡献度，是因为他们无法摆脱一切都重要的理念。但是精要主义者学会了辨别真正重要之事和其他事物之间的差别。为了将精要主义者的技能付诸实践，我们可以从一个简单的级别开始，一旦它成为左右每日决策的第二天性，我们就可以将它应用到更大、更广泛的个人及职业生活领域中去。要完全掌握这种技能需要思维方式的巨大转变。但这是可以做到的。

A Non-essentialist thinks almost everything is essential.

非精要主义者认为几乎一切都重要。

An Essentialist thinks almost everything is nonessential.

精要主义者认为几乎一切都不重要。

精要TIPS

- 更多努力不一定能带来更多收获，“更少，但更好”可以。
- 几乎一切事情的次要性再怎么高估都不够。
- 扫描环境，寻找重要的少数，淘汰不重要的多数。
- 拒绝好机会，拥抱真正的契机。

CHAPTER 03

TRADE-OFF

Which Problem Do I Want?

模式三

取舍，我要的究竟是什么

所谓战略，就是如何做出选择及取舍。它意味着通过慎重选择来实现不同。

——迈克尔 · 波特

非精要主义者	精要主义者
想："我两样都能做。"	问："我想做出什么样的取舍？"
问："怎样才能什么都做？"	问："我要大干一场的是什么？"

想象一下，你可以回到1972年，对每个标准普尔500指数的公司进行一美元的投资。到了2002年，哪家公司会给你带来最大的投资收益呢？是通用汽车、IBM公司？还是英特尔公司？根据《货币》杂志以及内德·戴维斯研究集团（Ned Davis Research）所做的分析，上述答案均不对。

正确答案是西南航空（Southwest Airlines）。这一答案实在令人大跌眼镜，因为航空业的利润是出了名的差。但是，赫布·凯莱赫（Herb Kelleher）领导的西南航空却年复一年地创造了靓丽的财务业绩。赫布的精要思维就是其商业成功的关键所在。

我曾参加过一次关于赫布商业战略的访谈活动。这项活动在很多方面亮点频出，但是当赫布开始谈及他在西南航空是多么谨慎地进行权衡取舍时，我不禁竖起了耳朵。他们公司不是所有的航线都飞，而是只提供点对点航线；不是抬高价格来覆盖餐食成本，而是决定不提供餐食；不提前分配座位，而是让乘客登机后挑选座位；不向客户推销炫目的头等舱服务，而是只提供普通舱服务。这些权衡取舍无一来自默认设置，而是通过精心设计做出的。每一项都是深思熟虑的商业战略中的一部分，用以降低成本。但是有些客户想要去往更多的目的地，想要购买昂贵的飞机餐等，公司这样做难道就不怕失掉这些客户吗？是的，但是赫布完全了解自己公司是一家什么样的公司——一家低成本的航空公司，也知道自己公司不是一家什么样的公司。这些都体现在他所做的权衡取舍中。

还有一个例子，也体现了赫布在工作中对精要思维的运用。他说：“**你必须审视每一个机会，然后说，‘不，我很抱歉。我们不想做那么多件不同的事情，如果它们对我们努力要实现的那个最终结果没有太大贡献的话’。**”

开始时，很多评论家、反对者和其他认为这种方法不可能成功的非精要主义者对西南航空进行了猛烈抨击。谁会在心智正常的情况下选择一家只飞往部分目的地且不提供餐食的航空公司，不管机票价格有多么便宜？然而，若干年后，西南航空的成绩就开始显山露水了。同业竞争者注意到了西南航空利润飙升并开始仿效他的成功做法。但是，他们并未全盘采用赫布的精要方法，而是采用了哈佛商学院教授迈克尔·波特（Michel Porter）所称的“横跨战略”。

用最简单的词来解释，**横跨就是指继续原封不动地保留自己的现有策略，与此同时也试图采用竞争对手的策略。**当时，这方面最明显的例子莫过于美国大陆航空公司（Continental Airlines）的做法。他们将自己新的点对点服务称为“大陆航空的小大陆”。

大陆航空采用了西南航空的一些做法，比如降低机票价格、取消飞机餐供应、停止头等舱服务、增加航班频率。但问题是，由于仍然保留着现有的商业模式（大陆航空的“小大陆”服务模式仅针对该公司的一小部分航班），所以运行效率并不高，不足以支撑他们在价格竞争上获得优势。因此，他们不得不在其他方面降低成本，最终导致了服务质量的下降。西南航空在关键性战略领域做出了理智、慎重的权衡取舍，而大陆航空只是迫于无奈才牺牲了一些收益，它们并不是公司连贯性战略的组成部分。根据波特的观点，**“战略定位若要持续，必须同其他定位之间进行取舍”**。企图同时运用两种水火不容的战略，最终削弱了大陆航空的竞争能力。

这种横跨战略让大陆航空付出了昂贵代价。由于航班延误，他们损失了数亿美元，而且按照波特的说法，“航班晚点和取消引发的投诉抱怨高达每日一千次”。公司总裁最后被炒了鱿鱼。无视取舍问题对于公司来说无异于做出了一种可怕的战略，对于个人来说也是如此。

有所取，必要有所舍

你有没有和这种人一起待过，他们总是试图要赶着再多做一件事情？这样的人明知道离会议开始只剩 10 分钟了，而去会场就需要 10 分钟，却还要坐下来回复几封邮件才出发；或者他们会答应在周五前准备好一份报告，即便在同一天还有一项重要工作必须按期完工；或者他们可能会答应周六晚上参加表亲的生日派对，即便在同一时间还有演出要去看。这种人的逻辑就是我可以两者兼顾，因此根本不考虑取舍。而更重要的问题是，这种逻辑是错误的。最终，他们要么开会迟到；要么在最后期限那天一项工作或者两项都无法交工（或者两项工作都完成得很不好）；要么参加不了表亲的生日派对，要么没去看演出。**在现实中，接受任何一个机会都无疑需要你舍弃其他几个机会。**

取舍是真实存在的，无论是在个人生活还是在职业生涯中都是如此。如果不接受这样的现实，我们就注定会像大陆航空公司一样，受困于“横跨战略”中，被迫毫无选择地牺牲一些收益，而这可能不是我们主动设计的。

雷曼兄弟前首席财务官艾林·卡兰（Erin Callan）在写给《纽约时报》的一篇很有深度的专栏文章中，讲述了她为不加选择地进行取舍而做出的牺牲。她这样写道："我一开始时并不打算把自己的全部精力都投入到工作中去。但是，慢慢地就变成这样了。每过一年，都会有些略微的调整，这成了新的常态。开始时，我在周日会花半小时来整理电子邮件、工作事项清单和日程表，这样周一早上就会变得轻松一些。后来，我每周日要工作几个小时，再后来就变成了整天。工作与生活之间的界线渐渐消失了，最后只剩下了工作。"她的故事揭示了一个至关重要的真理：**我们要么自己做出艰难的选择，要么允许其他人——不论是我们的同事、老板还是客户，替我们做决定。**

我在工作中注意到公司高管是对取舍现实性接受程度最差的人。我最近接触了硅谷一家市值400亿美元的公司的首席执行官。他跟我分享了他刚刚编写的，准备向全公司宣布的公司价值宣言：我们珍视激情、创新、执行和领导力。

这份宣言的问题之一就是，有谁会不珍视这些？另一个问题是，它并未告诉员工公司最珍视的是什么。它没有向员工指明，在这些价值观发生冲突的时候，他们应该选择什么。一些公司宣称自己的使命是平等地服务所有利益相关者——客户、员工、股东，这其中也存在类似问题。宣称对所有相关人士都同等重视就会给管理留下难题，因为没有明确指出若要对自身所服务的人群进行权衡取舍，我们该如何选择。

与之形成对照的是，强生公司成功地从1982年的一场灾难性氰化物谋杀丑闻中东山再起的故事。当时，强生公司占有37%的市场份额，泰勒诺是其最盈利的产品。那时，有报道称有7人服用泰勒诺后死亡。经调查发现，是装药的瓶子被动了手脚。强生公司该如何做出回应呢？

这个问题极其复杂。他们的首要工作是召回药店货架上的全部泰勒诺产品以保障客户安全呢？还是通过危机公关来控制损害并防止股东抛售公司股票？又或者是第一时间安慰并补偿受害人家庭？

幸运的是，他们有自己的信条：当时的公司董事长罗伯特·伍德·约翰逊（Robert Wood Johnson）曾于1943年写下一则宣言，被全文刻在了强生公司总部的一块石头上。与大多数公司使命宣言不同，这则信条对公司的组成人员进行了主次排序：客户第一，股东最后。

结果，强生公司迅速决定召回全部泰勒诺产品，即使这将会对公司造成巨大损失（据报道，涉及金额高达1亿美元）。是选择客户的安全还是1亿美元？这不是一个可以轻易做出的决定。但是，公司的信条让他们对“什么是最重要的？”这个问题没有任何疑问，并促成了一次艰难的取舍。

我曾与一个管理团队合作过，他们在安排事情的优先次序方面需要一些指导。当时，他们正纠结于确定5个最重要的项目，让他们的科技部门在下一个财年中完成，其中一名经理人对此尤其苦恼。她坚持要确定18个“最优先”项目，我坚持让她只选5个。她带着清单回到了自己的团队，两周后回来时带来了她努力精简后的版本——只减少了1个项目！（我一直很想知道那唯一一个被精简掉的项目为什么没有达到标准。）由于拒绝做出取舍，她最后把应该用于5个项目上的时间和精力摊到了17个项目上。不出所料，她没有取得理想的结果。她的逻辑是：我们可以搞定一切。很显然，事实不是这样的。

We can try to avoid the reality of trade-offs, but we can't escape them.

我们试图躲避
取舍现实性，
然而，
我们无处可逃。

要么创立伟大公司，要么创造伟大思想

要理解人们为何如此热衷于拒绝取舍，其实并不难。毕竟，从定义上就可以知道取舍会涉及我们想要的两件事物。你是想要更多收入还是更多假期？你想回完下一封邮件还是准时去参加会议？你看重工作速度还是质量？很显然，当我们必须在两个自己想要的事物中进行选择时，就会倾向于二者兼顾。然而，不管主观上多么想鱼和熊掌兼得，但实际上就是做不到。

每当面对取舍时，非精要主义者总会问："我怎么才能二者兼顾？"而精要主义者却会问一个更尖锐但更能使人脱离困境的问题："我要的是什么？"精要主义者会主动做出权衡取舍，成为自己行动的主宰，而不是坐等别人的驱使。正如经济学家托马斯·索厄尔（Thomas Sowell）所言："所谓的解决方法是不存在的，有的只是取舍。"

商业巨著《从优秀到卓越》（*Good to Great*）一书的作者吉姆·柯林斯曾得到过彼得·德鲁克的忠告：**你要么创立一家伟大的公司，要么创造伟大的思想，但是鱼与熊掌不能兼得**。吉姆选择了创造思想。正是缘于这种取舍，尽管现在他的公司里只有 3 个全职雇员，但他的思想却已经随着他的著作走进了千万读者的心里。

尽管有时取舍会给人带来痛苦，但却代表着一个意义重大的机会。**通过强迫自己权衡两者并战略性地选择那个对自己最有利的，就能极大地增加实现自己目标的机会**。就像西南航空，因为选择始终如一，便可享受到成功的硕果。

最近在一次飞往波士顿的航班上，我就注意到了这样一个例子。当时我正与一对父母聊天，他们要去看望在哈佛读书的儿子。看得出来，他们为有

一个能在哈佛读书的儿子感到骄傲。我很好奇这一家人采取了什么样的策略，孩子才有机会进入哈佛读书。他们说："我们也曾让他尝试做过很多不同的事情，但是一旦看清这件事不可能成为他的'大事'，我们就会商量不再让他继续做。"问题的关键不在于所有的父母都应该怀揣着让孩子进哈佛的梦想，而是在于那些运用精要思维的父母，能够自觉清醒地决定自己的目标就是让孩子进哈佛，并且懂得要取得成功必须做出战略性的取舍。

这种思维逻辑在个人生活中也是适用的。刚结婚的时候，我和安娜遇到了一个人，就我们所知，他婚姻美满，家庭幸福。我们就向他取经。他跟我们讲了很多，其中之一就是他们夫妇都决定不参加任何俱乐部。他没有参加当地的会所活动，他妻子没有加入读书俱乐部。他们这样做不是因为对这些事情没有兴趣，而是决定要把时间省下来陪在孩子们身边。多年以来，孩子成了他们最要好的朋友，为此他们也许错过了在高尔夫球场上或者在翻看破旧的《安娜·卡列尼娜》时结识朋友的机会，但都是值得的。

精要主义者将取舍视为生命中内在固有的组成部分，而不是先天消极的部分。他们不问："我应该放弃什么？"而是问："我要大干一场的是什么？"类似这样小小的改变，日积月累将会产生意义深远的影响。

在一篇发表于《纽约客》（*The New Yorker*）上的名为《笑吧，笑翠鸟》（*Laugh, Kookaburra*）的文章里，大卫·塞德瑞斯（David Sedaris）用幽默的笔法描述了他在澳大利亚灌木丛的游览经历。在徒步旅行时，他的朋友兼当日导游跟他讲了一件她在一次管理课上不经意间听到的事情。"想象一种有四个燃烧器的炉子，一个燃烧器代表你的家庭，一个代表你的朋友，一个代表你的健康，一个代表你的工作。为了成功你必须去掉一个燃烧器，为了真正成功你必须去掉两个。"

当然，这只是个玩笑罢了，我并不是建议大家为了像精要主义者那样生活，就必须在自己的家庭、健康和工作之间进行抉择。我要建议的是，当有一个选项优先于家庭，另一个优先于朋友、健康或工作，而又必须从中进行选择时，我们就需要问一问自己：“我到底要的是什么？”

取舍既不能被忽视，也不能被诋毁。我们应该主动拥抱它，自觉地做出具有战略性和经过深思熟虑的取舍。

精要 TIPS

- 审视每一个机会，如果对努力要实现的最终结果没有太大贡献，就不做那么多不同的事情。
- 在关键性战略领域，做出理智、慎重的权衡取舍。
- 强迫自己权衡两者，并战略性地选择对自己最有利的。

Part Ⅱ

精要主义者养成的第一步：探索

explore

How can we discern
the trivial many from
the vital few?

EXPLORE

导读

区分无意义的多数和有意义的少数

精要主义的一大悖论就是相比非精要主义者，精要主义者实际上会探索更多的选择项。几乎所有的事情都能引起非精要主义者的兴趣，也会引起他们的反应。但是，正因为如此忙于追逐每一个机会和每一种想法，他们实际上在选项探索上花费的精力少之又少。相反，精要主义者的做法是在专注于某项事情之前，先广泛地探索和评估各种选项。因为精要主义者只在少数重要的想法和事情上集中精力“大干”一场，他们最开始时探索更多的选项，就能保证以后做出的选择是正确的。

在这一部分，我们将讨论探索精要之事的 5 个要素。非精要主义的巨大牵引力或许会让人们忍不住跳过这个要素或者仅仅是匆匆一瞥。但是，这个要素本身对于人们实现自律地追求更少具有极其重要的意义。要识别出什么是真正重要的，我们需要思考的空间，需要观察和倾听的时间，需要有享受娱乐的心态，需要聪明地让自己该睡就睡，需要在做出选择时自觉自律地运用严格的选择标准。

具有讽刺意味的是，在非精要主义者看来，空间、倾听、娱乐、睡眠和选择等都是毫无意义、会导致人们分心的事物。它们最多不过是被视为可有可无，有也不错，最次还可能被诋毁成软弱和浪费的明证。众所周知，野心勃勃或者工作高效的人是这样想的：“当然，我很想从工作日程表中留一些时间出来，专门用来思考，但这是一种奢侈品，我们现在用不起。”或者是：“玩？谁有时间玩？我们是来这里工作的！”或者，就像在一次员工入职过程中，一位领导跟我说的那样：“但愿你晚上能睡个好觉。在这里，这并不容易实现。”

如果你相信，过分忙碌和把精力用到极致是工作高效的证据，那么你也可能会认为探索、思索和反省所占用的时间应该被降到最低。然而，正是这些“可有可无”的活动为非精要主义者焦头烂额的忙碌提供了一种解毒剂。这些活动非但不是毫无意义、令人分心的，反而还是将真正的分心物和真正的要事区分开来的关键环节。

精要主义者将花尽可能多的时间用于探索、倾听、辩论、质问和思考。但是，探索本身并不是他们的目的，真正的目的在于将有意义的少数从无意义的多数中甄别出来。

CHAPTER 04

ESCAPE

The Perks of Being Unavailable

要素一

抽离，为探索和思考留出空间

没有伟大的孤独，一切严肃的事情都无法做成。

——巴勃罗 · 毕加索

非精要主义者
忙得无暇顾及人生
精要主义者
抽身而退，探索人生

弗兰克·奥布赖恩（Frank O'Brien）是 Conversations 公司的创始人，该公司是一家总部位于纽约的营销服务公司，已入选“美国成长最快的民营企业”500/5 000 榜单。面对现在疯狂的职场节奏，他采取了一种激进的做法。

每个月，他都会把自己这家 50 人的公司的每一名员工都集中到一个房间里，一待就是一整天。禁止使用手机，不准收发电子邮件，没有任何议事项目。会议的目的仅仅是抽离出来，专心思考和讨论。请注意，每月中间的那个周五一般是工作效率低下的时候，人们在这一天不会在“真正的工作”上面有什么进展。但他不是在这一天召开这种会议的，而是在每月的第一个周一开这个会，一开就是一天。这种做法也不仅仅是一种内部纪律，因为连他的客户都知道，在这个“别打电话的周一”不要指望得到这家公司的任何答复。

他这样做，是因为觉得自己的员工如果随时待命的话，就会迷惘于何事才重要。他们需要空间来思考真正重要之事。他这样写道：“我认为，留出点时间来喘一口气，四下望一望，好好想一想，是必不可少的。你需要这样的安静清明来创新和成长。”此外，对他来说，这种会议类似于一种石蕊测试[1]，提醒他是否有员工在非精要事务上花了太多时间："如果有人因为太忙抽不出时间来参加这个会议，就说明我们要么工作低效，要么人手不够，需要补充。"如果员工忙得连思考的时间都没有，那么他们真的是太忙了，起码这段时间是这样的。

我们需要逃离的空间，以便从不重要的多数中分辨出重要的少数。不幸的是，在这个时间宝贵的时代，默认情况下我们没有那样的空间，除非主动安排。跟我合作过的一个领导人承认说，在一个公司里待五年太长了。为什么？因为在公司上班时他忙得连考虑该不该留在那里的时间都没有。每日的工作任务和要求让他无暇抽身退一步看清局势。

无独有偶，全球一家重要科技企业的高级副总裁告诉我，他每周花在开会上的时间多达 35 个小时。这些会议消耗了他太多的时间，使他每月甚至连一个小时都抽不出来规划一下自己的事业，更不用说带领他的团队再上一个新台阶了。他没有给自己留出空间来讨论一下到底发生了什么事和究竟该干些什么，而是把时间消耗在了没完没了的业务报告和沉闷乏味的跨职能会议中，这样的活动往往什么问题都解决不了。

在评估事情的重要性之前，你需要探索一下自己的选项。非精要主义者往往对最新的想法做出反应，飞快地抓住刚刚出现的机会或是回复最新接收的一封邮件。精要主义者则会选择给自己创造探索和思考的空间。

留出空间，设计人生

我在斯坦福大学哈索普莱特纳设计学院（The Hasso Plattner Institute of

① 石蕊测试，比喻简单而具有决定性的试验。——编者注

Design at Stanford）工作期间，深刻领悟到了留出空间用以探索的价值。有一次，我走进一间教室，在那里我要讲授一门课程。我最先注意到的是那间教室里没有传统意义上的那种椅子，只有一些泡沫立方体充当座位，我很快就发现那些所谓的座椅坐上去很不舒服。就像设计学院里的一切东西一样，这也是一种设计。它的设计初衷是：因为这些立方体坐起来很不舒服，学生们坐几分钟后就宁愿站起来，四处走走，相互认识，而不仅仅只认识坐在自己两侧的同学。这就是设计的关键理念所在。学院就是利用物理空间来鼓励社交和思考方法创新的。

为了达到这样的目的，学院还建立了一个名为“黑色隔间”的隐藏空间。这是一间小屋子，故意设计得只能容下 1~3 人藏身。屋子没有窗户，完全隔音，而且被有意地去除了一切会分散注意力的因素。史考特·多利（Scott Doorley）与史考特·威硕夫（Scott Witthoft）合著的《制造空间》（*Make Space*）一书指出，这个“黑色隔间”“连低技术含量都不具备，简直就是无技术含量”。它在一楼隐蔽地存在着。就像多利和威硕夫指出的那样，它不通往任何地方。思考，是人们去那里的唯一目的。有了这样一个思考和聚焦的空间，学生们得以后退一步，看得更清。

由于某种原因，人们对“焦点”一词有着错误的理解。就好像对“选择”一词的理解一样，人们习惯于将焦点视为一种事物。是的，焦点的确是我们的拥有物，但它（聚焦）同时也是我们的行为。

我说的焦点，并不是简单地意味着我们要挑出一个问题或一种可能性，然后很痴迷地思考它，而是要创造一个空间，来探索一百个问题和一百种可能性。精要主义者关注眼睛聚焦的方式，不是死死盯住某事，而是根据视野的变化进行不断地调整和适应。

In order to have focus we need to escape to focus.

为了找到焦点，
我们需要抽身而退，
全力聚焦。

在设计学院最近的一次会议上（在另一间没有座椅和桌子的房间里，从地面到天花板都是白板，上面贴满了各种透明便利贴），我见到了杰里米·厄特利（Jeremy Utley）。他同我一起合作开发过一门新课程的雏形，有一次他突然灵光一现地称这门课为“设计你的精要人生”。

这门课的唯一目的是给学生们打造一个空间，用以设计他们的人生。每星期，它都会给他们的思考提供一个计划好的理由。这使他们被迫关掉笔记本电脑和智能手机，让自己的头脑开足马力地思考。练习经过深思熟虑后将最精要的少数从很多好东西中识别区分出来，这是他们的作业。其实，要培养这样的习惯未必一定要在设计学院，我们可以在自己的生活中创造更多的机会。

留出空间，专注探究

我认识一位经理人，他聪明机敏又干劲十足，但美中不足的是，他经常分散注意力。在任何时候，他都离不开 Twitter、Gmail、Facebook 和其他各种即时聊天工具。为了创造一个没有任何分心物的空间，他曾一度让他的行政助理拔掉了他电脑上的网线。但即便如此，他依然可以找到很多其他的上网办法。因此，每当他要竭力完成一个特别重要的大项目时就不得不采取一个极端的方式——丢下手机，去一家没有上网条件的汽车旅馆办公。过了几乎与世隔绝的 8 个星期后，他才得以完成项目。

这个经理人居然被逼得要采用这样的方法，我对此感到有些遗憾。然而，他的手段固然有点极端，但目的却是毋庸置疑的。他深知，唯有思路不受打搅和干扰，才能达到个人贡献峰值，因此他努力创造这样的空间。

艾萨克·牛顿爵士的例子也许会给我们带来些启发。他在《自然哲学的数学原理》（*Philosophiae Naturalis Principia Mathematica*）一书上花了整整两年时间，阐述了他最著名的万有引力定律和力学三大定律。这些定律是真正意义上的伟大突破，奠定了接下来 3 个世纪的科学思维，而这段几乎与世隔绝的研究岁月所具有的重要性也是不容置疑的。

理查德·韦斯特福尔（Richard S. Westfall）这样写道："在牛顿声名鹊起的时候，有人问他是如何发现万有引力定律的。'答案就是持续地思考……'他一旦要思考什么，就持续地思考，也就是排除一切杂念或是几乎排除一切杂念地思考。"换句话说，牛顿创造了进行高强度专注思考的空间，而这种不受打搅的思考空间使得他对宇宙间最基本构成要素的探索成为可能。

深受牛顿的启发，我采取了一种相似的，但也许不那么极端的方法来写作这本书。每周 5 天，每天从早上 5 点到下午 1 点共 8 个小时，我把自己封闭起来专心写作。我给自己定下的基本规则是：直到下午 1 点前，不收发电子邮件，不接打电话，不安排约会，拒绝任何打搅。这样的状态也并不是总能实现，但是这种规则却产生了奇效。我设置了电子邮件自动回复，向对方解释在本书完工前，我将一直处于“修行模式”。这种方法给我带来的自由，怎么高估都不为过。通过创造空间来探索、思考和写作，我不仅提前完成了本书的写作，而且更好地支配了剩余的时间。

这看上去并不难理解，但是你有多久未从忙忙碌碌的一天里专门抽出时间，坐下来好好思考一下？我不是指你每天早晨上班路上抽出 5 分钟来列一个今日必做的事项清单，也不是指你在开会时溜会儿号琢磨琢磨手头的那个项目该怎么做。我指的是，有意识地留出没有分心物的时间和没有分心物的空间，除了思考，绝对不做任何别的事情。

今天的世界充斥着各种玩意儿，人们受着过度的刺激，因此，毫无疑问，如今要实现这样的专注思考已是难上加难。Twitter 公司的一位领导人曾问过我：“你还记不记得无聊是什么感觉？这种感觉再也不会出现了。”他说的一点不错，也就是在几年前，如果你因为航班晚点而被困于机场，或者在候诊室等待时，你可能会坐在那儿，发呆发愣，百无聊赖。然而现在，所有在机场候机的人和在候诊室里等待的人都会选一样高科技工具，死死地盯着不放。当然，没有人会喜欢无聊，然而**一旦所有无聊的机会都被剥夺殆尽，我们也同样丧失了可以用来思考的时间。**

还有一种悖论需要人们去面对：工作节奏越快、越繁忙，就越需要我们在自己的工作日程中留出更多的时间用以思考。**世界变得越喧闹，我们就越要开辟出一片可以安静反思的空间，真正实现全神贯注，心无旁骛。**

不管你觉得自己多么忙，你依然可以从工作日中切出一块专门用以思考的时间和空间。比如，领英首席执行官杰夫·韦纳（Jeff Weiner），他每天都从自己的工作日程表中留出两个小时的空白，什么工作都不安排。因为接二连三的会议使他几乎没有时间来思考身边的世界到底发生了什么，他便养成了这样一个简单的惯例。刚开始时，这像是一种自我放任，而且还有浪费时间之嫌，但他最终发现这是最具价值的提升工作效率的方法，而且是独一无二的。他将之视为一种黄金法则，保证自己能够主宰自己的一天，而不是成为这一天的奴隶。

他向我解释说："有那么一天我至今记忆犹新。由于情况特殊，我从早上 5 点到晚上 9 点一直都在不间断地开会，不是在参加电话会议，就是在各个会议室里。我清晰地记得，就在那一天结束的时候，当我想到自己对那一天的工作毫无发言权，而是任凭工作摆布时，自己非常沮丧。但是，那种沮丧的感觉很快就被一种感激之情取代了，因为自从我采用了现在这样的方法以来，这是我唯一记得的出现沮丧感的一天。"

这样的空间让他能够专注于思考最基本的问题：公司未来 3~5 年的状况如何？怎样才能最有效地完善一个已经很畅销的产品，或者处理客户未得到满足的需求？竞争优势怎样扩大，而竞争劣势又怎样消弭？与此同时，他也利用这个空间来进行情感上的充电，让自己在问题解决模式和作为领导者而被期待的指导模式之间自如转换。

留出空间于杰夫而言，意义不止于一种惯例，而是一种更宏大的哲学的组成部分。他亲眼看见过盲目贪多求全给公司发展和高管生活带来的恶劣影响。因此，留出空间对他来说绝不是一种口号，也不是一个时髦词汇，而是一种哲学。

留出空间，阅读思考

比尔·盖茨的故事可以给大家带来更多的灵感。他经常性（而且是众所周知）地从日常工作中抽出一个礼拜时间，仅仅是为了思考和阅读。我曾参加过一次位于华盛顿州西雅图的比尔与梅琳达·盖茨基金会（Bill & Melinda Gates Foundation）总部举行的关于比尔的问答会。凑巧的是，他当时刚刚结束了最近的一次“思考周”。尽管我之前已经听说过他有这样的惯例，但是并不知道原来他从 20 世纪 80 年代就开始这样做了，并且一直坚持着，甚至在微软公司发展的鼎盛时期也不曾间断过。

也就是说，在公司发展史上最繁忙、最迅猛的时期，他依然为自己创造时间和空间，每年安排两次什么也不干的一周，专门用来阅读文章（他的最高纪录是 112 篇）和书籍，学习新技术，勾画更远大的图景。现在，他仍然从自己日常的基金会工作中抽出时间来，不为别的，只是为了思考。

留出整整一周似乎有点奢侈和不可能，但是在每一天都享受一点点“思考周”，办法还是有的。我发现有一种做法很有用，也很简单，就是用每天的第一个 20 分钟来阅读经典文学（不是博客，不是报纸，也不是最新的海滩小说）。这种做法不仅打消了我以前一醒来就要去查收电子邮件的冲动，而且使这一天有了中心任务。这种阅读开拓了我的视野，让我回想起了很多重要的主题和理念，其中的精要和华彩足以抵御时间的考验。

我偏爱励志文学，这种选择有点个性化，但要说到感兴趣的，则有以下这些：《禅宗，非理性的理性》《孔子的智慧》《摩西五经》《圣经》《道，知与不知》《古兰经的深意》《人如其所思》《甘地典藏》《瓦尔登湖》《摩门之书》《沉思录》《奥义书》。可读的书很多，只要保证选择的书写于我们这个过度互联的时代之前，并且具有永恒价值即可。这样的书籍能够激励我们去颠覆关于“何事最重要”的种种固有见解。

不管你是每天花 2 个小时，还是每年花 2 个星期，或者甚至只是每天早上花 5 分钟，这些都不重要，**重要的是你要创造一个空间，让自己从忙碌的生活中抽身退出。**

精要 TIPS

- 为自己创造探索和思考的空间。
- 适时抽身，退一步看清局势。
- 用每天的第一个 20 分钟来阅读经典。

CHAPTER 05

LOOK

See What Really Matters

要素二

审视，关注真正重要的事情

知识，
那丢失在信息里的知识，
要到哪里去找回？

——T. S. 艾略特

非精要主义者	精要主义者
注意最大的声音	关注声音所传递的信号
听所有说出来的话	听没有说出来的话
被海量信息压垮	审视查找信息的精华

已故作家诺拉·艾芙隆（Nora Ephron）最出名的作品包括《西尔克伍德》《西雅图未眠夜》《当哈利遇见莎莉》，每一部都获得了奥斯卡奖的提名。作为作家和编剧，艾芙隆的成功在很大程度上要归因于她捕捉故事精华的能力——这一技能是她早年当记者时练就的。但是，在高强度的新闻工作生涯中，对艾芙隆影响最深远的一课，还要追溯到她的高中时代。

查理·西姆斯（Charlie O. Simms）在比弗利山庄高中教一门新闻学课程。开课第一天，他的讲课和艾芙隆上过的任何一门新闻学课程并无二致，也是解释“导语”这个概念。他解释说，一个导语必须包含这篇新闻作品的“何时”“何地”“何事”“何因”“何人”这些要素，这些正是最重要、最精华的信息。然后，他给大家布置了第一项作业：为一个故事写一段导语。

西姆斯先提供了与这个故事有关的一些事实：“比弗利山庄高中的校长肯尼斯·彼得斯今日宣布，比弗利山庄高中全体教员将于下周四赴萨克拉门托参加一场有关新型教学法的学术讨论会。人类学家玛格丽特·米德、大学校长罗伯特·梅纳德·哈钦斯，以及加州州长埃德蒙·杰·布朗将到会并发言。”

学生们噼里啪啦地敲打着键盘，努力要跟上老师的节奏。然后，他们纷纷交上了自己的“急就章”导语。这些导语每一篇都试图尽可能简明扼要地概括出“何时”“何地”“何事”“何因”“何人”这些要素：“玛格丽特·米德、梅纳德·哈钦斯及加州州长布朗将向全体教员发表讲话，主题是……”“下周四，高中全体教员将……”西姆斯检查了学生们写的导语，然后把它们放到了一边。

接下来，他告诉学生们，所有人写的都不对。他说，这个故事的导语正确的写法应该是“本周四不上课”。

“在那一瞬间，”艾芙隆回忆说，“我懂得了，新闻学不仅仅意味着要反刍事实，而且还要把握重点。弄清楚什么人、什么事、什么地方和为什么这些要素是不够的，还要理解这篇新闻到底意味着什么，以及它为什么重要。”艾芙隆还补充说：“他教我的某些东西不仅适用于新闻工作，也同样适用于生活中。”

在每一组事实中都隐藏着最重要的信息。一个优秀的新闻工作者知道，**要找到最重要的信息，不仅需要研究这些信息，而且还要找出信息之间的关联**（我的本科专业是新闻学，所以我对此高度重视）。这就意味着要使这些关系变得清晰明了，同时也意味着要在各部分综合的基础上构建整个故事，而且还要理解这些不同的信息碎片如何整合才能对每个读者具有意义。最优秀的新闻记者不只是简单地传播信息，他们的价值在于发现那些对人们真正重要的东西。

你是否也曾感到怅然若失，迷惘于究竟该关注什么？你是否也曾面对信息轰炸不知所措，纠结于这些信息该如何使用？你是否也曾对各种要求感到头晕目眩，不知道哪个重要，哪个不重要？你是否也曾在工作或家庭生活中未抓住要领，而等到发现错误时，已为时过晚？如果是，那么接下来的精要方法将会非常有价值。

把眼光放在大局上

1972年12月29日，美国东方航空公司（American Eastern Airlines）401号班机在佛罗里达埃佛格雷沼泽地（Everglades）坠毁，导致100余名乘客丧生。这是首次宽体客机失事意外，也是美国历史上最严重的空难之一。事故调查者们后来惊愕地发现，就所有重要的方面而言，这架飞机的操作状态完全正常。那么问题究竟出在哪里呢？

当时这架洛克希德飞机正准备降落，副驾驶艾伯特·斯托克斯蒂尔（Albert Stockstill）注意到了起落架状态指示器—— 一个小小的绿色指示灯没有亮起。但实际上起落架已经放下，有问题的是指示灯，而不是起落架功能。然而，由于机员们过度专注于起落架问题，导致他们未能注意到自动驾驶仪已经失效，到发现时已经为时过晚。也就是说，导致灾难的原因不是起落架，而是机员们忽视了更大的问题——飞行高度在下降。

如果你以新闻业为终身职业，那么不要再过多关注不重要的小细节，要把眼光放在大局上。不管你从事什么职业，甚至在你的个人生活中，你都可以把新闻记者的这种技能应用其中。通过训练自己寻找“导语”，你会突然发现自己能够找到已经忽略的东西。你不仅能看到每天的一个个点状事件，而且还能把它们联系起来看到各种趋势。你将不再对各种事实做出反应，相反，你会把注意力集中在真正重要的大事件上。

倾听话外之音，领悟言外之意

我们本能地知道，没人有能力研究自己在生活中接触到的每一条信息。要分辨出什么值得研究，我们必须自律地调查和筛选所有相互竞争而又相互冲突的事实、选项和观点，它们都很渴望得到我们的重视。

最近，我同《纽约时报》的专栏作家、普利策新闻奖获得者托马斯·弗里德曼（Thomas Friedman）一起讨论，如何从吵吵嚷嚷的无用信息中过滤出真正重要的信息。在见到我之前，他已经就自己正在撰写的专栏文章同几位消息人士进行了午餐会谈。其中一人起初以为，弗里德曼不会注意到餐桌上的各种插科打诨。但是，他其实是在听着的。午餐会上的所有交谈都逃不过他的耳朵，他只是在滤掉所有那些不能真正抓住他注意力的信息。然后，为了把分散的信息整合联系起来，他提了很多问题，但仅仅是针对那些激发他兴趣的信息而发问。

正如弗里德曼后来同我分享的一样，最优秀的新闻人，要听的是别人听不到的东西。在午餐会上，他一直在听的不只是那些谈话中正题以外的东西，他听得更多的是那些没有说出来的话。

精要主义者都是出色的观察家和优秀的听众。他们深知，取舍的现实意味着自己不可能关注一切，因此他们会特别留意倾听话外之音，领悟言外之意。就像《哈利·波特》里著名的角色赫敏·格兰杰（Hermione Granger，她不可能是精要主义者，这一点我赞同，但是精要主义者在这方面都是一样的）所说："实际上，我擅长逻辑思维，这有助于我通过无关细节抓住别人忽略的那些关键信息。"

非精要主义者也不是不听，但是他们听的时候总想说点什么。他们会因为无关的噪声而分心，而且太注意那些无关紧要的细节。他们听到的是最大的那个声音，但得到的却是错误的信息。由于急于做出反应，他们抓不住要领。结果，套用刘易斯（C. S. Lewis）的一个隐喻，这些非精要主义者的所作所为就像在洪水泛滥的时候拿着灭火器跑来跑去，弄错了事情的关键所在。

在纷纷扰扰的现代职场，身边各种喧闹的声音企图把我们扯向四面八方，因此，现在比任何时候都要求人们要学会抵御海妖之歌的诱惑，集中精力关注新闻标题。运用以下几种方法，你也可以把自己培养成一个不对外挂牌的新闻记者。

培养“新闻记者”的四种方法

1. 写日记，成为自己人生的记者

显而易见，journal（日记）和 journalist（记者）属于同一个词根。“记者”一词，按其字面的意思，指的是写日记的人。因此，要成为自己人生的记者，最明显而且很有效的方法就是写日记。

人是一种健忘的生物，这是一个悲哀的现实。我甚至还想说，这种健忘相当惊人。不信吗？

要是不信，你现在就可以测试这种说法的对错，只要回忆一下你自己上上个周四晚餐吃的是什么即可，再不行就问问自己三个星期前的那个周一参加了哪些会议。如果你不是太另类的话，那么你的脑中将会是一片空白。日记就像一个存储设备，当我们的大脑硬盘驱动出错时，它将提供备份。有人

曾对我说，好记性不如烂笔头。

在过去十年中，我一直保持着写日记的习惯，用一种违反直觉却很有效的方法：实际写下的要比想写的少。当人们开始写日记的时候，通常都会在第一天洋洋洒洒写下好几页。到了第二天，一想到要写那么多，就会气馁和却步，因此他们往往会拖延或者干脆就不写了。所以，在写日记时也应追求“更少，但更好”，在没有养成写日记习惯的时候，就不要写得太多。

我还想建议的是，每隔 3 个月，花 1 小时读一读这段时间里的日记条目。不要过于关注细节，比如 3 个星期前的预算会议或是上周四的意大利面食，而是要着眼于更宏大的图景或趋势。**要捕捉标题，寻找自己每天、每周的生活中的导语。微小的、不断增加的变化一时很难发现，但是久而久之，就能产生累积效应。**

2. 实地探索，认清问题本质

简是一家设计学校“终端支付能力设计”课程的团队成员。这个课程给他们的挑战是设计一个婴儿保育箱，成本必须是一般保育箱成本（20 000 美元）的 1%。简说，在发展中国家，“有 400 万低体重儿在出生后的前 28 天内死亡，原因是他们缺乏足够的脂肪来调节体温”。

如果他们将这个项目仅仅视为一个成本问题而草草上马的话，可能已经制造出了一种便宜的塑料保温箱——看上去也不失为一种合理的解决办法，但结果是他们将无法从根本上解决问题。他们没有这样做，而是煞费苦心地寻找问题的关键所在。他们去尼泊尔目睹了问题的严重性，发现 80% 的婴儿不是在医院出生，而是在家里，那里还是缺电的农村地区。这样，团队真正的挑战就变得十分明确，那就是要创造某种根本无须用电的保温箱。有了这种关键性的认识，他们开始认真地解决手头的问题。最终，简和她的另外3名团队成员创立了一个名为“怀抱”的非营利公司，并创造了“怀抱巢”，它使用一种能在水里加热的类似蜡的物质，然后将这种物质放在一个类似豆荚的睡袋里，可以用于婴儿保温达6个小时或更长时间。通过深入实地探索，充分研究问题，他们得以进一步认清问题的本质，聚焦于最重要的细节，并最终使问题得到圆满的解决。

3. 捕捉不正常与不寻常

玛丽亚姆·西曼（Mariam Semaan）是一位来自黎巴嫩的获奖记者。她最近完成了斯坦福大学的一项约翰·奈特新闻奖学金（John S. Knight Journalism Fellowship）研究项目，专门研究媒介创新和设计思维。我请她分享一下她的专业秘诀，即她多年来透过嘈杂表象直抵故事真正内核的经验所在。她给出了一个令人振奋的回答：**寻找导语和捕获重要信息的能力都是可以后天习得的，你需要的是理解。要汲取故事的精华，需要深刻理解它的主题和语境，需要将它放在一个更大的图景中去俯仰观察，需要找出它和其他领域的关联。**因此，她会读遍所有相关的新闻，努力找出其他报道忽略或关注不够的信息。“我的目标，”她说，“就是掌握故事的‘蜘蛛网’，因为它能让我捕捉到‘不正常’或‘不寻常’的细节和行为，它们与故事的自然发展进程格格不入。”

玛丽亚姆说，找到“一个给定故事的不同视角是非常重要的，它能够给主题带来新意，使之变得新鲜新颖、与众不同而又发人深省”。她采用的技巧之一是角色扮演：**让自己站在故事中所有角色的位置上，以便更好地理解**

他们的动机、理由和立场。

4. 走出逃避推诿的怪圈

任何人，只要看过那些精通权术的政客如何接受采访，就都会知道这些人在答非所问方面，接受过多么登峰造极的培训。规避棘手的问题，对所有人都有诱惑力。通常，给一个模棱两可、漫无边际的回答，要比搜集必要的事实和信息来做一个考虑周全而有根据的回答要容易得多。但是，逃避推诿会导致一种不必要的恶性循环，那就是更严重的模棱两可和信息失真。要走出这个怪圈，办法之一是明确问题。

赛富时公司（Salesforce）的高级副总裁伊利·科恩（Elay Cohen），曾与其他 5 名队员组成小组，挤在一间闷热的宾馆房间里。在接下来的 3 个小时里，他们将和另外 5 个小组一起进行一场商业模拟竞赛。他们的任务是回答一系列关于如何处理假定的管理状况的问题。计时器已经开始计时了，但伊利的团队却还无法开始。因为每一个提出的答案都引发了更多的观点和评论，这样一来，原本应该是一个相当简单的解决问题的练习，却很快演变成了一个枝节横生、混乱无序的辩论。当时，我在观察和指导他们的队伍，这种情形出现 15 分钟后，我让他们停了下来，并问他们："你们要回答的问题是什么？"每个人都很尴尬地停止了争论，但是没人回答我的问题。然后，有个人做了一个不相关的评论，随后全组又开始了离题万里的辩论。

我中途介入并再一次提出了我的问题，如此往复。最后，小组停止了辩论，并开始认真思考他们究竟想要实现哪些目标，以及要实现这些目标真正需要做出的决定有哪些。他们停止了讨论，费力地梳理了所有随意抛出来的想法和观点，倾听潜藏于其中的主题和能让这些主题产生有机联系的重大构想。

然后，他们终于走出了“晕动症”的状态，获得了一些进展。他们选定了一项行动计划，做出了必要的决定，并划分了职责。最后，伊利的团队大获全胜。

精要 TIPS

- 放眼全局，而不是纠缠细节。
- 去粗取精，自律地调查筛选。
- 写日记，成为自己人生的记录者。
- 实地探索，认清问题的本质。
- 捕捉不正常和不寻常的细节。
- 明确问题，走出逃避推诿的怪圈。

CHAPTER 06

PLAY

Embrace the Wisdom of Your Inner Child

要素二

游戏，拥抱内心孩童的智慧

最有智慧的人，会时不时听点儿废话。

——罗尔德·达尔

非精要主义者	精要主义者
对游戏不屑一顾	重视游戏
认为游戏徒劳无益、浪费时间	知道游戏能激发探索精神

在经典音乐剧《欢乐满人间》（*Mary Poppins*）的结尾处，性格暴躁而又沉闷的班克斯先生回到了家里，他已经被“解雇了，下课了，扔到大街上了”。但是，他看上去却绝对是一反常态的快乐，快乐到女仆认为他已经“不正常”，他儿子甚至认为“这听上去不像是自己的父亲了”。的确，当这位父亲给孩子们拿出那个修补好的风筝，并开始唱“让我们放风筝去”的时候，他几乎变了个人。离开了枯燥无味的银行工作，班克斯内心深处的那个孩童突然获得了重生。他的好心情效果非凡，大大提振了整个家庭的情绪，一扫先前的阴郁和忧愁，班克斯家成了欢乐、友爱和充满乐趣的居所。当然，这是一个虚构的故事，但它展现了让游戏重回日常生活，将会产生多么神奇的力量。

大多数人在孩提时代，都没有人正式地教过他们究竟该怎么玩。想象一下，当妈妈和新生儿玩躲猫猫时，小孩儿展现出的那种纯粹的快乐。想象一下，当一群孩子一起玩过家家时，那种无拘无束的想象力。再想象一下，当一个孩子用一堆旧纸盒搭建他自己的迷你王国时，他的那种被米哈里·希斯赞特米哈伊（Mihaly Csikszentmihalyi）[①]称作“心流”的状态。然而，随着年

① “心流”理论提出者、积极心理学奠基人、创造力大神。想了解他的观点，推荐阅读湛庐文化策划，浙江人民出版社出版的《创造力》。——编者注

龄的增长，有人告诉我们，游戏不重要，它浪费时间，它毫无必要，它幼稚可笑。不幸的是，很多这样的负面信息恰恰是来自那些富有想象力的游戏最应该得到鼓励而不是被抑制的地方。

school 一词来自希腊语 schole，意为“闲暇”。然而，诞生于工业革命时代的现代学校体系，已经扼杀了学习中的闲暇时光，乐趣也所剩无几。肯·罗宾逊爵士（Ken Robinson）[①]已经将研究学校教育中的创意学习当作自己毕生的工作，他注意到了学校实际上是在扼杀创意，而不是通过游戏来激发创意：“我们已经把自己卖给了一种快餐式的教育模式，它使我们的精神和活力日渐枯竭，就像快餐侵蚀我们的躯体一样。想象力是人类一切成就的源泉。我认为，我们现在教育孩子和我们自己的方法正在系统性地破坏想象力。”在这个问题上，他无疑是正确的。

那种“游戏不重要”的想法跟随我们进入成年期，而且当我们步入职场后，它变得更加根深蒂固。遗憾的是，鼓励游戏的公司和机构实在太少太少，很多公司甚至在无意之中阻挠游戏。的确，有一些公司高管口头上承认游戏对于激发创造力功不可没，但他们中的绝大多数都没有创造一种能够真正激发探索精神的游戏文化。

对于这些，我们丝毫不感到意外。现代公司诞生于工业革命时代，那时它们存在的全部理由就是提高大规模生产产品的效率。而且，这些早期的管理人员还把眼光朝向了军队——一个更加没有游戏可言的组织，来寻求灵感（的确，军事化语言在今天的公司里还有很强大的影响力。我们现在仍然说

---

① 全球最具影响力的教育家，Thinkers 50 顶尖思想家，创造力和创新领域的全球杰出思想家，排名第一的 TED 演讲人。想了解有关肯·罗宾逊的更多思想，请阅读由湛庐文化策划、浙江人民出版社出版的《让思维自由》《发现你的天赋》。——编者注

员工们在前线，company 一词本身就是表示军事单位“连”的术语）。尽管工业时代已经远去，但是那些习俗惯例、结构方式和制度体系在很多现代组织里依然随处可见。

游戏，我更愿意把它定义为任何一种我们仅仅为获得其中之乐而进行的活动，而不是一种达到目的的手段，不管是放风筝还是听音乐，抑或是到处乱扔棒球——也许它们看上去像是一种毫无意义的活动。游戏，通常被视为一种毫无意义的活动。但是，它实际上在很多方面都具有重要意义。美国国家游戏研究所（The National Institute for Play）创办人斯图亚特·布朗（Stuart Brown）通过研究大约 6 000 个人的游戏史，得出了这样的结论：**游戏，能够极为有效地改善包括个人健康、关系、教育、组织能力在内的一切。**“游戏，”他说，“能使大脑具有可塑性、适应性和创新性。”同时，他简明扼要地指出：“在激发大脑功能方面，游戏的作用是无可比拟的。”[①]

大脑爱游戏

游戏在我们的生活中具有极其重要的价值。对动物王国的研究表明，游戏对于关键性认知技能的发展极为重要，甚至还影响着物种的存活。研究员鲍勃·费根（Bob Fagan）对灰熊的行为进行了长达 15 年的研究，他发现最会玩儿的灰熊寿命最长。当被问及其中的原因时，他说：**“在一个严峻挑战层出不穷而且无法预知的世界里，游戏能让这些熊更好地应对变化着的环境。”**

雅克·潘克塞普（Jaak Panksepp）在《情感神经科学：人类和动物的感情基

① 想了解斯图亚特·布朗的更多观点，推荐阅读由湛庐文化策划、中国人民大学出版社出版的《玩出好人生》。——编者注

础》（*Affective Neuroscience: The Foundations of Human and Animal Emotions*）一书中得出了类似结论："确定无疑的是，在游戏过程中，动物的行为往往变得更加灵活而且富于创造性。"

斯图亚特·布朗写道："然而在所有的动物物种中，人类是最会玩的。我们生来会做游戏并且在游戏中生存发展。**当我们玩的时候，人性得到了最纯粹的表达，个性得到了最真实的展现。**游戏的那一刻，我们最深刻地感觉到自己活着，我们最美好的回忆也正是来源于此，这有什么好奇怪的吗？"

游戏鼓励我们进行新的探索，拓宽思维的疆域：创造新思想，对旧想法进行全新的审视。它让我们具有更强烈的好奇心，更能适应新奇的事物，更热衷于积极参与。游戏是成为精要主义者的根本条件，因为它起码以三种特殊的方式为人类的探索行为添砖加瓦。

首先，游戏拓展了人们选择的范围。它能帮助我们看到平常会忽略的种种可能性，并建立一些原本无法建立的联系；它能开阔视野，开放视角；它有助于我们挑战旧观念，更加乐于接受未经检验的新思想；它鼓励我们扩大自己的意识流，构想新故事。或者，就像爱因斯坦曾说的那样："在我审视自身和自己的思考方式时，我得出的结论是，对我而言，幻想的天分比我积极吸收知识的才能更重要。"

其次，游戏是解压药。这种功用非常重要，因为压力不仅会导致生产效率降低，而且还会抑制创造力，扼杀好奇心，损坏大脑的探索功能。这样的感觉你一定不陌生：工作压力让你透不过气来，突然间一切都不对劲儿了——你找不到钥匙，动不动就撞到东西，重要的报告落在厨房餐桌上了。最新研究成果表明，这种情况是由于压力导致大脑中情绪监测部位（杏仁核）活动增加，而同时大脑中负责认知功能的部位（海马体）活动减少——结果很简单，那就是我们无法清晰地思考。

我亲眼见过游戏在我孩子身上产生的与之相反的效应。当他们焦虑不安、无法控制事情时，我让他们画画，变化几乎立马就能出现。压力解除了，孩子们的探索能力失而复得。

最后，游戏可以对大脑的执行功能产生积极的影响。正如专门研究脑科学的精神病学家爱德华·哈洛韦尔（Edward M. Hallowell）①解释的那样："大脑的执行功能，包括制订计划、区分主次、安排日程、预先准备、委派分配、做出决策和总结分析——简而言之，就是任何一个要在商界有出色表现的领导者所必须具备的技能。"

游戏能够刺激大脑中的相关区域，进行小心谨慎的逻辑推理和无忧无虑、不受束缚的探索。有鉴于此，人类思维领域的重大发现都出现在游戏时刻，也就不足为奇了。哈洛韦尔写道："哥伦布正是在玩的时候发现了地球是圆的。牛顿正在放松自己的大脑时看到了苹果树，并突然发现了地心引力。沃森与克里克正在玩 DNA 分子各种可能的模型时，偶然发现了双螺旋模型。莎士比亚玩抑扬格五音步玩了一生。只要醒着，莫扎特就离不开玩。要说到大脑爱游戏，爱因斯坦的思维实验就是极好的例子。"

让游戏走进工作，让游戏走进生活

有些创意公司最终还是认识到了游戏所具有的重要价值。Twitter 公司的

① 著名儿童心理学家、曾在哈佛医学院任教 22 年，现任哈洛韦尔认知及情绪健康中心负责人。他也是注意力缺失领域的顶尖专家和作者，共出版了《分心的孩子这样教》《分心不是我的错》《分心也有好人生》等 18 部著作，其中多部中文简体字版已由湛庐文化策划出品。——编者注

首席执行官迪克·科斯特罗（Dick Costolo）鼓励员工玩喜剧表演，他在公司发起了一种即兴表演课程。作为一个曾经的脱口秀谐星，他十分清楚**即兴表演会迫使人们去努力拓宽思路，突破各种惯性思维的束缚，进行更加灵活、更有创造性的思考。**

其他一些公司则鼓励在物理环境中开展游戏活动。IDEO公司在微型汽车里开会。在Google公司的大厅里，你很可能会碰巧发现一只巨大的、浑身覆盖着火烈鸟的恐龙（多个例子中的一个）。在皮克斯动画工作室里，艺术家"办公室"的布置各出奇招，从旧时代的西方小酒馆到小木屋，不一而足（在参观时，最令我惊艳的是那间从地面到天花板排列着数千个《星球大战》小雕像的房间）。

我曾经认识一位在出版公司工作的成功女士，她在自己的办公桌上放着一个史泰博公司（Staples）生产的"轻松按钮"。每个离开她办公室的人都会像孩子般激动地用手掌在那个大大的红色按钮上拍一下——录好的声音就会大声响起，向整个办公室宣布"小事一桩！"出了这位女士的办公室，沿着公司的走廊往后，另一位女士在她的办公室里放了一幅带框的装饰画，画中是儿童图书中的插图，这总能让她想起孩提时代阅读的乐趣。

可能对于有些人来说，办公桌玩具，覆盖着火烈鸟的恐龙，充满了动作片雕像的办公室，都是无价值的、令人分心的事物，但问题的关键却是它们的作用恰恰相反。以上这些人所做的努力"颠覆"着非精要主义者所谓的游戏不重要的逻辑，而且还把游戏视作创造性和探索活动的重要驱动力。

因此，我们该如何让游戏更多地走进我们的职场和生活？布朗在他的书中提供了一种入门方法来帮助读者重温游戏。他建议说，读者应从过去经历里开采出有关游戏的记忆。在你的孩提时代，什么游戏能让你激动不已？今天，你如何让这种激动重现？

Play doesn't just help us to explore what is essential. It is essential in and of itself.

游戏不只是有助于我们探索重要事物，

它本身就是重要事物。

精要 TIPS

- 让游戏重回日常生活。
- 用游戏激发创意。
- 从过去的经历中开发出有关游戏的记忆，让儿时的激动重现。

CHAPTER 07

SLEEP

Protect the Asset

要素四

睡眠，保护你的身心资产

每晚，当我入睡时，我死去。次日，当我醒来时，我重生。

——圣雄甘地

非精要主义者

认为：

少睡一小时，生产效率提高一小时。

睡眠是为失败者准备的。

睡眠是懒惰的温床。

睡眠会妨害“做成一切”。

精要主义者

懂得：

多睡一小时等于几个小时的更高效率。

睡眠是高成就者所必需的。

睡眠是创造力的孵化器。

睡眠有助于实现高水平的智力贡献。

杰夫直直地坐在床上，惊慌万分。他感到仿佛有一颗炸弹在脑中炸裂开来。他汗流不止，茫然失措。他竖起耳朵紧张地听着什么。到底发生了什么事？万籁俱寂。也许是他吃的东西引发了这样怪异的反应。他试图躺回去继续睡觉。

第二天晚上，同样的事情再度发生。过了几天，同样的事情发生在了中午。他刚从印度回来，起初，他觉得这是药物产生的反应。为了在倒时差时改善睡眠，他服用了苯海拉明，同时还服用了疟疾药。但是，随着情况越来越糟，他发现自己的问题更加复杂了。折磨他的好像是焦虑症，但是他没有任何焦虑，只不过是身体上有些症状罢了。

杰夫的成绩特别优异，他很渴望能有所作为。交代一些故事背景，杰夫的祖父是美国和平队的早期官员。杰夫野心勃勃，干劲十足，并决意对世界有所贡献：他是 Kiva 的董事会成员；被提名为安永（Ernst&Young）年度企业家；被世界经济论坛选为全球青年领袖；与他人共同创立了一项成功的影响力投资基金；担任一家全球性微型贷款组织的首席执行官，该组织服务全球 1 200 多万贫困家庭。他年仅 36 岁，却已成为所在行业的领军人物。

杰夫频繁出差，这令他时常睡眠困难。他的公司总部在西雅图，但在旧金山、印度和肯尼亚都有办公室。他需要例行性地飞赴伦敦参加会议，然后前往印度的5个不同的城市待6天，再去日内瓦同投资者们进行几小时的会晤，然后再返回西雅图待上一天半时间。在3年里，他有60%~70%的时间都在出差中，每晚平均睡眠时间只有4~6个小时。

在36岁这个成熟的年纪，这样的工作节奏开始给他的健康和工作能力带来威胁。伴随着每晚的睡眠障碍，他的状况越来越糟，身体器官开始一个个出现问题：心律不齐，站直的时候有疼痛感，消化障碍迫使他必须把食品混合起来吃，血压太低导致他快速起身时眼前一片黑暗。他已经看过两次急诊。他不停地告诫自己，做完下一次生意后要放缓工作节奏，然后是再下一次，然后下下一次。但是，毫无疑问，他并没有这样做。他确信即使继续维持现在的状态，他也可以克服这些困难的。缩减工作是有成本的，需要做出一些取舍，这是他所不愿意的。但是，他很快便尝到了恶果：常常被迫在最后一分钟因为身体太虚弱而取消会议，或者本来要做一次演讲，却因为大脑如坠云里雾里，心有余而力不足。他开始怀疑，自己对公司造成的损失是不是大于贡献——这是肯定的。

最后，经过明确的诊断，医生给了他两个选择：长期服用药物进行对症治疗，或者彻底停止工作一到两年进行治疗和康复。刚开始时，杰夫拒绝做出这样的取舍。他曾是一个很有实力的铁人三项运动员，他认为自己可以运用和对付踝关节扭伤或者肩袖撕裂同样的逻辑来处理现在的状况。他自负地告诉医生，只需要休息几个月，就能全线回归正常的工作：“你瞧着吧！”

他休了两个月的假，但让他意想不到的是，他彻底动弹不了了。他每晚睡眠时间长达 14 小时！然后一整天都在休息。有些天，他连床都起不了。整整 6 个星期，他什么都干不了，百无一用。他爬着回去见了医生，承认几个月是不够的，他需要休息更长的时间。

他言出即行，摆脱了给他生活带来压力的一切事情。他辞去了在几个董事会里的职务，甚至还决定离开自己的公司。他说："下定决心脱离这些，是一件非常非常艰难的事情。当我离开董事会会议室的一刹那，眼中噙满了泪水，我告诉妻子，'我不想以这种方式离开自己的孩子'！"

在执行治疗方案的过程中，他设计了一种新的生活，全身心地投入健康的恢复中。他改变了自己的饮食习惯，带着全家一起去法国南部生活了一年。治疗和气候及生活方式的变化产生了效用。他开始用一种新的思维方式来理解自己在这个过程中学到的东西。

两年半后，杰夫在坦桑尼亚参加世界经济论坛的全球青年领袖评选活动。有一天晚上，在一个自由麦克风活动中，有些了解杰夫的人让他跟在场的 200 位成功人士分享心得体会。他情绪激动地告诉大家，他花了高昂的代价，学会了一个简单却极其重要的道理："保护最珍贵的资产。"

投资自己的思想、身体和精神

就给世界做出贡献而言，最珍贵的资产莫过于我们自身。如果不能对自己进行足够的投资，我说的是自己的思想、身体和精神，那么我们就毁坏了用以达到个人贡献峰值的最佳工具。人们，尤其是充满野心的成功人士，用来破坏这种资产的最常见的方式之一就是睡眠缺乏。

如果让 A 型性格[①]占据上风，那我们就会像杰夫那样全然耗尽自己，生命将过快地燃烧殆尽。对待自身，我们应该像对待自己的职业和生意一样具有战略性。我们必须放稳自己的步调，滋养自己的生命，给自己加油添薪，用以探索、成长和实践。

在长时间的休息中，杰夫发现了自己对成功上瘾的一个有趣悖论：一个 A 型性格的人，让自己拼命工作并不难，让自己达到极限也是易如反掌！真正的难题是让一个通过应对挑战而创造成就的人去放弃拼命工作。他向那些成就突出的人解释说："如果你自认为自己强大到可以做成一切，那么我有一个挑战给你。如果你真的很想做成某件事，那就和这个机会说'不'，这样你就能让自己小睡片刻。"

我在 21 岁的时候也觉得，睡觉并不是什么非同小可的事情，少睡会儿也没有什么大不了的。对我而言，睡觉是一种无法摆脱的麻烦：它浪费时间，而这些时间本可以创造成效，只有弱者或者意志薄弱的人，才会对睡眠欲罢不能。我曾经陶醉在成为超人的幻想中，每晚只睡几小时即可。为此，我甚至实验了几种非常激进、超常规的方法来减少睡眠时间。

我得知，有一项睡眠研究要求参与者在一整天之内只能每 4 个小时睡 20 分钟，我也试了试这种方法。时间不长的话，用这种方法还是可以忍受的。但是我很快就发现，虽然在技术上这种睡眠安排可以满足人的生存，但是它也存在着缺陷。例如，当我醒着的时候，大脑却几乎不怎么工作，更不用说做出计划，排出主次先后，或者是看到大局；要进行决策或选择也很困难；要去粗取精、区分重要和不重要则几乎更是不可能。

① 脾气较火爆，遇事易急躁，喜欢竞争，有闯劲，但缺乏耐性，总是试图做两件以上的事情，无法处理休闲时光。——编者注

这种方法很快就难以为继，但我依然固执地认为，睡得越少，干得越多。因此，我采用了一种新的方法，就是每周熬一个通宵开夜车。可是，这样做没什么效果。我妻子对这种做法颇有微词，她给我看了一篇文章，这篇文章彻底改变了我对睡眠的看法。文章否定了睡眠是效率之敌的观点，并令人信服地证明了睡眠实际上是最佳表现的驱动力。文章引述了一些顶级商业领袖的保证 8 小时睡眠的自豪言论。我还记得其中引用了比尔·盖茨的话，他人生中的每一次严重失误都是在睡眠不足的情况下发生的。自此以后，我努力保证每晚 8 小时睡眠。

你的情况如何？就想想上星期吧。你是不是有某晚睡眠不足 7 个小时？你是否一连好几晚都是睡眠不足 7 个小时？你是否发现自己曾经骄傲地说过或者自豪地想过：“不包括我。我不需要睡足 8 个小时。我只要睡 4 个或者 5 个小时就可以了（如果你此刻正一边读着，一边这样想着，那么你将从这个章节里获益匪浅）”。还有些人确实只需要较少的睡眠时间，不过据我了解，他们绝大多数人已经太习惯于疲惫状态，以至于都已经忘记了充分休息究竟是怎样一种感觉。

在非精要主义者看来，睡眠给他们那种早已精力过度分散、责任义务超负荷、繁忙却并不总是有效率的生活带来了另一种负担。而精要主义者却认为，睡眠更多时候是实现个人贡献峰值的必要条件。因此，他们会在工作日程安排中系统性地、有意识地为睡眠留下一席之地，以便让自己干得更多、成就更大，拓展更多疆域。通过“保护自己的资产”，他们能够在每天的生活中保留一部分精力和创造力，以及解决问题的能力，以备不时之需——不像非精要主义者，他们永远无法得知自己会在何时何地被自己的疲劳虚弱绑架劫持。

精要主义者选择在当下做更少的事情，以便在未来做得更多。当然，这就是一种取舍。但是，日积月累，积少成多，小小的牺牲会带来巨大的收益。

睡眠属于傻瓜？

如果“保护资产”是如此的重要，那为什么人们会轻易地放弃宝贵的睡眠？就成就卓著者而言，这其中的原因之一，可能是他们就像我一样，错误地认为如果睡得更少就能创造更大的成就。然而，我们有足够的理由来颠覆这种观念，比如，越来越多的研究表明，一个晚上的好睡眠实际上能让我们更高效，而不是相反。

安德斯·爱瑞森（K. Anders Ericsson）曾对小提琴家做过一项著名的研究，马尔科姆·格拉德威尔（Malcolm T. Gladwell）将之通俗化为“1 万小时法则”。安德斯发现，相比那些仅能称作好学生的人，最优秀的小提琴家在练习上花的时间更多。他的这一发现为非精要主义者提供了逻辑支持，即精通某项技能需要付出认真专注和苦心孤诣的努力。而且令人备受鼓舞的是，它让我们懂得，原来出类拔萃也是我们力所能及的，而不仅仅专属于那些最具自然禀赋的幸运儿。然而危险的是，它同时也可能会巩固非精要主义者“我必须什么都做”的思维定式，这种有害无益的谬见会误导人们去证明花更多更多的时间来工作是正确的，而这种工作的收益实际上却在不断减少。

情况的确如此，但是我们应该看看这项研究中一个不那么为人所知的发现：睡眠是最优秀的小提琴家和优秀小提琴家之间的第二大重要分水岭。最优秀的小提琴家每天平均睡眠时间为 8.6 小时——这比美国人的平均睡眠时间大约多 1 小时。在一星期内，他们的平均午睡时间为 2.8 小时——比平均水平大约多 2 小时。研究者们得出结论，睡眠有助于这些顶级的演奏家补充体力和精力，从而更加专注地投入到练习之中。因此，当他们花了更多的时间来练习时，他们这几个小时的练习产生了更好的效果，因为他们已经得到了更充分的休息。

《哈佛商业评论》曾刊登过一篇名为《睡眠不足：业绩杀手》（*Sleep Deficit: The Performance Killer*）的文章，哈佛医学院的巴尔蒂诺睡眠医学教授查尔斯·切斯勒（Charles A. Czeisler）在文中解释了睡眠缺乏对优良业绩的破坏作用。他把缺少睡眠比作过量饮酒，其中的原理是熬一个通宵（也就是连续 24 小时不睡觉）或者一周内每晚只睡 4~5 个小时，“实际上会诱发相当于血液中酒精含量达到0.1%时的损害。试想一下：我们永远都不会说‘这个人是一名优秀员工！他喝下了所有时间！’然而，我们仍然在赞扬那些为工作牺牲了睡眠的人”。

睡眠通常被认为有助于身体的休息，但最近的研究表明，睡眠其实对大脑的作用更大。德国吕贝克大学一项研究提供的证据显示，一个完整的晚上睡眠能增强大脑功能，提升解决问题的能力。

《自然》杂志的报道称，在这项研究中，100 多名志愿者接到了带着非常规迷阵的数字猜谜题，要求找到一个“隐藏的密码”来揭开谜底。志愿者们被分成了两个小组，一组被准许 8 小时不间断睡眠，而另一组的睡眠是中断性的。科学家们随后观察哪些志愿者找到了隐藏的密码以及用了多长时间才找到。结果，在解决了问题的人中，来自连续睡眠 8 小时组的志愿者人数比来自睡眠不足组的志愿者人数多两倍。究竟是什么原因导致了这样的结果？研究者们解释说，睡觉时，我们的大脑会努力对信息进行编码和重构。因此，当醒来时，我们的大脑可能已经建立了新的神经细胞间的联结，因此能为解决问题打开更广阔的思路，提供更多的解决方案，而这几乎发生在一夜之间。

对于那些早起的人和熬夜的人，好消息还是有的：科学研究显示，哪怕是打个盹儿也能有助于提高创造性。仅举一个例子，发表于《美国国家科学院院刊》中的一篇报道显示，即使一个快速眼动睡眠期（Rapid Eye Movement，REM）也有助于提高不相关联的信息之间的整合。换句话说，**一个短暂的深度睡眠有助于我们建立多种新的联系，去更好地探索世界。**

简而言之，睡眠有助于我们达到个人贡献峰值，从而用更少的时间来创造更大的成就。尽管那种废寝工作的英雄主义文化仍将继续，但万幸的是，这种糟糕的情形正在日渐式微，这在一定程度上要感谢那些超高成就者——特别是在那些典型的倡导蜡烛两头烧、白天黑夜连轴转的行业里，公开炫耀自己拥有完整的 8 小时睡眠的人。在这些人中，很多都是精要主义者，他们明白健康的睡眠习惯带给了他们巨大的竞争优势，这是对的。

亚马逊网络购物中心的缔造者杰夫·贝佐斯（Jeff Bezos）就是其中一人。他说："良好的睡眠习惯让我反应更灵敏，思维更清晰。如果有了 8 小时睡眠，我一整天都感觉好多了。"网景公司联合创始人马克·安德森（Mark Andreessen）也是这样的人。他以前常常工作到凌晨，但是依然坚持在早上 7 点起床，现在，他已经改变了过去那种睡眠缺乏的状态。他说："我会整天都盼望着能够回到家，再回到床上睡觉。"现在，按照他自己的话说，他的睡眠水平已经达到了"7 个小时我开始变得机能下降，6 个小时就不达标了，5 个小时就会出大问题了，4 个小时意味着我将无精打采"。周末他会睡 12 个小时以上。"这对我的能力发挥带来了显著的影响。"他这样说道。

这些高管的言论被一篇题为《睡眠是成功企业家新的社会地位象征》

（*Sleep is the New Status Symbol for Successful Entrepreneurs*）的文章所引述。《华尔街日报》的南希·杰弗里（Nancy Jeffrey）这样写道："这是官方认定的。睡眠这种稀缺的日用品，在神经紧绷的美国，已然成为新的社会地位象征。曾经睡眠被嘲笑为懦弱和失败——那些曾喊过'午餐属于失败者'的'80后'高成就者也相信'睡眠属于傻瓜'，现在睡眠已经被捧为创造性执行思维的复元伴侣。"对此，我们可以补充说，睡眠也是有辨识能力的精要思维的复元伴侣。

在《纽约时报》的一篇文章里，雷曼兄弟前首席财务官艾琳·卡兰（Erin Callan）讲述道："在2005年的一次办公室聚会上，有位同事问我当时的丈夫我周末都干些什么。她也知道，我是一个能量十足而又精力充沛的人。'她划皮划艇，攀岩，然后跑半程马拉松吗？'她开玩笑地问道。'不'，他简洁地答道，'她睡觉'。这一点儿不假。不赶工作的时候，我用周末时间为自己的身体充电，为即将到来的一周做准备。"

Google公司的小憩仓

如果在你的工作环境里，睡眠依然恶名不减，你可以考虑在工作中主动采取一些措施来明确地鼓励睡觉。如果那样做听上去有点激进，那么就考虑一下睡眠的诸多好处，比如提升创造力，提高生产效率，甚至减少医疗费用，这些都具有对最重要的因素产生直接影响的潜力。有了这样的认知，鼓励你的经理或者人力资源部制定一项书面政策就不难想象了（毕竟，很多公司都有针对饮酒问题的政策，而且，我们也已经认识到了饮酒和睡眠不足会对业绩产生类似的影响，这种情况是真实存在的）。例如，哈佛医学院的查尔斯·切斯勒提出了一项政策建议，规定员工在乘坐红眼航班后不得驱车赶去上班，其他公司准许头天晚上加班工作的员工次日推迟上班。这样的公司和领导深知，“保护他们的资产”是一种受托责任。

得益于本书的写作，我最近去Google公司体验了一下他们著名的小憩舱。这是一个白色的宇宙飞船舱（就像你能想象到的某种能在20世纪70年代电视剧《默克与明蒂》[*Mork and Mindy*]中看到的东西），约2平方米大，足够让人躺下，但不能完全平躺。它有一个圆顶状的盖子，能够遮盖身体的大部分，但不能完全遮住，因此我起初感觉有点儿不自在，而且还担心自己能否睡着。30分钟后，小憩舱轻轻地颤动起来，提醒我时间到了，我根本无须担心。

小睡醒来后，我真切地感受到了自己是多么需要这样的休息。我感到更清醒、更敏锐，也更灵活了。

Google公司的小憩舱使用有一个签名日历表。我很想知道我在的那个星期有多少人使用了它？共有50人在小憩舱所在的楼层上班，我猜起码有10~20人使用了这个舱。但是我错了。根据签名日历表，只有一个人抓住了这个30分钟的午间睡眠机会，为自己的大脑和身体补充能量。不过，这个小憩舱的存在本身就具有一种重要的信号意义，告诉员工睡眠的重要性。

在本书的这一部分，我们讨论了如何探索和评估各种选项，以便从许多鸡毛蒜皮、平庸普通，甚至是一些还不错的事情中区分出最精要的少数。从定义上说，这是一个确定先后主次的过程。这其中的挑战包括过滤掉那些乍一看都很重要的选项。然而，精要逻辑告诉我们，现实中只有少数事情具有非凡的价值，其余绝大多数事情的重要性远远不及。睡眠不足会导致分辨能力下降，并进而损害我们确定主次先后的宝贵能力。

Our highest priority is to protect our ability to prioritize.

每个人的头等大事，

是确保自己有能力决断什么才是头等大事。

睡眠能让你更有能力探索世界，建立联系，在醒着的时候做得更少，但更好。

精要 TIPS

- 对自己的思想、身体和精神进行足够的投资。
- 粉碎睡眠的恶名，保护最重要的资产。
- 在工作中采取一些措施来明确地鼓励睡觉。

CHAPTER 08

SELECT

The Power of Extreme Criteria

要素五

精选，只接受前 10% 的机会

内在的进程需要外在的标准。

——路德维希·维特根斯坦

非精要主义者

接受一切要求和机会

运用宽泛的、盲从的标准，比如，“如果我认识的人在做，那么我也应该做。”

精要主义者

只接受前 10% 的机会

运用挑剔的、明确的标准，比如，“这确实是我所追求的吗？”

在一篇名为《没有差不多。不是 YES！就是 NO》（*No More Yes. It's Either HELL YEAH！ Or NO*）的文章里，TED 人气演说家德雷克·西弗斯（Derek Sivers）描述了一个简单的技巧，让人们在选择时更加精细。关键是要对这个决定进行一次极端测试：如果自己彻底地、无条件地确信要去做什么事，那么就答应，这就是德雷克法。任何事情，只要不是那么确信，就断然拒绝。或者就像 Twitter 公司的一位领导曾告诉我的：“**如果答案不是一个确定的 YES，那就是一个肯定的 NO。**”这就是对精要原则的一个简明扼要的概括，它在探索的过程中具有举足轻重的地位。

德雷克自己就是这个原则的身体力行者。在他面试的求职者中，如果没有一个人能够打动他，他就会全部拒绝。最终，他准确地找到了合适的人选。当他发现自己对已报名要参加的好几个在世界各地举行的会议的兴趣并不大时，就决定待在家里，放弃所有这些会议，把省下来的 12 天时间用于效率更高的事情。为了决定在哪里居住，他否定了一些看起来非常好的地方（悉尼和温哥华），直到后来到了纽约，他马上知道这才是他理想的居住地。

再回想一下，当我们用一种宽泛的标准：这件衣服我未来哪天还有没有机会再穿，衣柜会遭遇到什么样的情况？它会被几乎不穿的衣服塞得满满当当、乱七八糟。但如果问问我真的喜欢它吗？那么我们就能狠下心来清除那些杂七杂八的衣服，腾出空间来放更好的衣服。我们可以举一反三地将这种标准运用到做其他选择的时候，不管事大事小，重要还是不重要，人生任何一个领域的选择都可以如此做出。

90%法则

最近，我和一位同事正在从大约 100 名申请者中为我们的“设计你的精要人生”课程挑选 24 个人。一开始，我们只设定了一套最低标准，比如“每节课都能参加”。然后，我们设定了一套具有理想属性的标准，比如“是否准备好体验一次改变生命的历程”。运用这些标准，我们对每位申请人进行了从 1 到 10 的评分。对于得 9 分和 10 分的人，我们决定准予参加，低于 7 分的人则自动淘汰。我当时的任务是评估那些分数不高不低的人，即得 7 分和 8 分的人，这真是一项令人头疼的工作。在艰难地决定这些申请人是否足够好的过程中，我遵循了这样的思路：如果某物（在本事件中是某人）刚刚好或者差不多，也就是正好 7 分或者 8 分，那么结果就是淘汰。这大大简化了问题，令我如释重负。

这种方法可以被视为 90%法则，在做每一项决定或每一次进退维谷的时候，你都可以运用它。评估每一个选项时，考虑一个最重要的决定标准，然后在 0 ~ 100 为这个选项打分。如果得分率低于 90%，那就自动把评分降为 0，并且断然淘汰它。这种方法可以避免在决策时举棋不定，或者更糟，不得不接受 60 多分或 70 多分的选项。试想如果某次考试你得了 65 分，你的感觉会是怎样的。那么，为什么要在做出人生的一项重要选择时有意去体会这样的感觉呢？

为了掌握精要技巧，在本环节中最重要的，莫过于要注意承认取舍的存在。根据定义可知，运用具有高度选择性的标准本身就是一种取舍，有时候我们不得不拒绝一个看上去非常好的选项，心中怀着“完美的选项将会很快出现”的信念。可是，它有时会出现，有时又不会出现。关键在于运用高度选择性标准这个行为本身，将迫使你自己来选择你要等待的那个完美选项究竟是哪一个，而不是让别人，或让这茫茫宇宙来替你选择。如同任何一个精要技巧一样，它需要你通过设计来进行选择，而不是依从默认设置。

在做人生各个领域中的决定时，这种超级精挑细选的方法有着显而易见的好处：如果我们的选择标准过于宽泛，就会发现自己要面对的选项太多太多。更重要的是，**对选项的价值进行评分，能让我们更加自觉、更有逻辑、更加理性地做出选择，而不是听凭一时的心血来潮或受情绪支配**。当然，要运用严苛的标准需要我们高度自律。但是，若不运用的话，代价会更高。

非精要主义者在个人生活和职业生涯中进行选择时，运用的是一种盲从的，无法明确表达的标准。比如，要决定承担什么样的工作项目时，非精要主义者运用的标准是盲从的，“如果经理让我做，那么我就做。”甚至更宽泛些：“如果有人让我做什么，那我就努力去做。”或者还有比这更宽泛的标准：“如果公司里有别的人在做这个，那么我也应该做。”在社交媒体高度发达的时代，我们对别人的所作所为更加了如指掌，这种宽泛标准会带来极其严重的负担，因为它会大大增加我们“应该”做的非精要事务。

我合作过的一个执行团队曾有一度确定了三种标准来筛选要承担的项目。但是，过了一段时间，他们就变得越来越不加选择了，最终这个公司似乎只剩下了一种通用标准，那就是客户让他们这么做的。结果，团队士气骤然大减，这不仅仅是因为承担了太多项目而让团队成员精疲力尽，不堪重负。

还因为，没有一个项目被证明是值得做的，他们的工作缺乏明确的目标意识。更糟糕的是，公司的经营行为在市场上变得极其大众化，以至于失去了辨识度，而此前他们已占据了一个独一无二且利润可观的市场定位。

只有通过确定极端标准，他们才能摆脱那些耗尽他们时间和资源的70%和80%的工作，聚焦于最有意思的工作，从而最大限度地让自己在市场上被人一眼认出。而且，这种体系使员工能够自己选择工作项目，以便达到个人贡献峰值。曾经是听凭反复无常的管理层摆布，现在，他们也拥有了话语权。有一次，我看到这个团队里一个最安静、资历最浅的成员拒绝了最高管理者安排的工作。她的回答非常简单："我们是不是应该考虑一下我们已经在执行的标准？"但是，在那种既有选择性而又明确的标准制定之前，从来没有出现过这样的情况。

制定一种既有选择性而又明确的标准，能给我们提供一种系统的工具，用以辨别真正重要的事情，并过滤掉那些不重要的。

Make our criteria both selective and explicit.

制定一种既有选择性而又明确的标准。

如果不是一个确定的 YES

Vitsoe 公司总经理马克·亚当斯（Mark Adams）花了 27 年时间，有意识地把选择性标准运用到工作中。

Vitsoe 公司从事家具制造。这个行业因为快速大批量的生产而声名狼藉：每个季节都会提供大量颜色不同、款式新颖的产品。然而，Vitsoe 公司却几十年只提供一种产品：606 万用置物柜系统。为什么呢？原因非常简单，Vitsoe 拥有极为独特的标准，而 606 万用置物柜系统是唯一达到这个标准的产品。

这个系统集中体现了本书开头述及的“更少，但更好”这种精要主义标准的特点，迪特·拉姆斯对此十分推崇。也许是巧合之中的巧合，606 万用置物柜系统也是由迪特设计的。但是，Vitsoe 公司在人才选拔方面，采用的标准更具选择性。

他们最开始的时候，遵循了一个基本原则，那就是宁可人手不足，也不草草地招进不合适的人。按照这个标准，他们在物色新员工的时候，设立了严格而系统的选择程序。第一步，他们对求职者进行电话面试。这么做是故意的，因为他们想在形成第一印象时，排除视觉因素的影响。同样，他们也想听听未来员工在接电话时的表现，以及在那段分配给他的访谈时间里，这个员工的办事条理性是否强到可以找一处僻静的地方。通过这种高效的方法，他们淘汰了很多人。

第二步，一名求职者要接受全公司很多人的面试。如果他能通过几轮面试，那就可以被邀请去和团队一起工作一天。然后，管理人员会给整个团队发一份调查问卷，了解他们对这个求职者的印象。但是，他们问的不是那种显而易见的问题，而是“他或她喜欢在这里工作吗？”，以及“愿意让他或她留下来和我们一起工作吗？”在这个阶段，公司不提供录用通知，求职者也不做出任何含蓄的承诺，目的是为了让双方都能尽可能公正地看清对方。如果双方都感到合适的话，求职者将会继续接受最后的面试，并接到录用通知书。如果团队并不100%地确定对方是否合适，那么就会拒绝。

曾经有一名求职者申请一个在置物柜安装团队工作的职位。这是一个很重要的职位，安装人员代表了产品和公司的形象。这名求职者在安装置物柜系统时表现得很出色，但是在向马克汇报工作的时候，团队对他有了一丝担忧。在那一天结束时，他们要把工具收起来，这名求职者却只是把工具扔进了盒子，盖上了盖子。在你我看来，这看起来不过是个轻微的过失，几乎不值得一提，更不至于让这一天原本毫无瑕疵的工作蒙上阴影。但是这个团队却认为，这种行为暴露了疏忽和草率的问题，同他们期待中的那种合适人选是相违背的。马克听后表示赞同，然后很礼貌地告诉求职者，他并不是适应Vitsoe公司文化的最佳人选。马克和他的团队认为：

If it isn't a clear yes,then it's a clear no.

如果不是一个确定的YES，
那就是一个肯定的NO。

但是，他们强化这种高选择性的筛选程序还不仅是一种直觉反应（尽管那也非常重要）。一个看起来反复无常的决定，实际上经过了一个严格而且连续的探索过程，用来研究什么有效，什么无效。例如，他们得知，某人在孩提时代玩乐高玩具的热情与其对 Vitsoe 公司文化的适应性之间存在较高的关联度。这种关联并不是他们凭空建立起来的。他们在几年里作了各种各样的尝试，有些坚持下来了，有些放弃了。

这个团队在进行评估的时候，采用的也是明确的标准。他们的首要标准是："这个人会是一个绝对合适的人选吗？"这就解释了为什么在他们设计的选择程序中包含了多次面试，也解释了他们开发这种工作日试工法的原因，以及他们发放调查问卷的初衷。像任何一个真正的精要主义者一样，他们努力收集有针对性的信息，以便做出一个知情的、缜密的、深思熟虑的决定。

Box 公司的首席执行官阿伦·李维（Aaron Levie）采用的招聘标准与之类似。他在乎的仅仅是，他愿不愿意每天与这个人一起共事。"我们考虑这个问题的方法之一就是，"他说，**"这个人原本会不会成为这个团队的创始成员之一？"**如果答案是肯定的，他就知道自己找到了合适的人选。

三条最低标准 + 三条极端标准

在决定自己应寻找什么样的机会时精挑细选只是问题的一个方面，当机会自己找上门来的时候，问题就变得更复杂了。得到了一份工作，但却不是自己想要的；来了一个项目，不是自己的主要业务但很容易来钱；有人让我们帮忙解决困难，事情我们乐意做，但是没有报酬；一个熟人有个分时共享资源，不过地点不太理想，但是有折扣。我们该怎么办？

对错过好事儿的担心会产生很大的影响。我们怎么能说“不”呢？机会就在那里，等着我们去拿。我们还可能曾经追求过这样的机会，但是现在要得到它简直易如反掌，而我们却瞻前顾后。但如果只是因为它容易得到而接受它，我们就会冒未来不得不拒绝另一个更有意义的机会的风险。

在建立一家综合广告公司的时候，南希·杜阿尔特（Nancy Duarte）就曾面临过这样的处境。2000 年，这家公司业务涉猎广泛，从企业形象建立到印刷及网站开发，再到展示设计（一种所有设计公司都讨厌做的工作），什么都做。但是，由于没有一项专长能够独树一帜，公司就与其他任何一家设计公司没有什么区别。

后来，南希读到了吉姆·柯林斯的《从优秀到卓越》。在书中，柯林斯主张如果你只对一件事情充满激情，而且你又最擅长它，那么你就应该只做这件事情。就在那个时候，南希认识到了让公司独树一帜的真正机会在于，要做其他公司不愿意做的业务：展示设计。

专注于做别人不做的事情，使他们能够创造知识、工具和专业技能，让自己成为全球会展业务的领头羊。但是，要做到这一点，他们不得不放弃其他一切机会，就算是在经济不景气的时候，就算面对有偿工作，也必须如此。要独一无二，这就是代价。换句话说，他们必须更加挑剔地选择自己要承担的业务，以便把所有的能量集聚到自己的专长领域，把它越做越好。

当机会向你走来时，不妨用以下这种简单、系统的流程来执行精挑细选的标准。第一步，把机会记下来。第二步，写下 3 条“最低标准”，如果这个机会要进入考虑范围的话，就必须达到这 3 条标准。第三步，写下 3 条理想的或“极端标准”，如果这个机会要被考虑的话，也必须满足这 3 条标准。按照这个流程，**一旦这个机会不能满足第一组标准，那么答案很显然就是 No。但是如果它不满足 3 条极端标准中的 2 条，答案依然是 No。**

机会

你面临的机会是什么？

最低标准

选项要被考虑，

最低标准是什么？

极端标准

选项要获得首肯，

理想的标准是什么？

布鲁克林最美味的比萨

在做人生重大决定的时候，更严苛的标准能让我们更好地激发大脑中复杂的搜索引擎功能。想象一下，在 Google 搜索中查找“纽约的好餐馆”和查找“布鲁克林市区最美味的比萨”，结果会有什么不同。如果我们搜索的是“一个好的职业机会”，大脑中就会出现很多很多页的结果，让你来浏览和选择。相反，为什么不进行高级搜索，问 3 个问题：“我深深热爱的是什么？”“能发挥我才干的是什么？”“能满足世界上一个重要需求的是什么？”很自然，搜索结果就不会有那么多页了，然而这正是练习的目的所在。我们要找的不是大量可做的好事情，而是能让我们绝对地实现个人贡献峰值的那一件对的事情。

恩里克·萨拉（Enric Sala）就是用这种方法，找到了生命的召唤。在职业生涯早期，恩里克是美国加利福尼亚州拉荷亚著名的斯克里普斯海洋研究所（Scripps Institution of Oceanography）的教授。但是，他始终有一种挥之不去的感觉，那就是自己当时的职业路径只不过是接近于他真正应该做的事情。因此，他离开了学术研究领域，投身到《国家地理》杂志的工作。这个成功的转型，使他在华盛顿州获得了新的、有趣的机会，他感受到自己进一步靠近了正确的职业路径，但依然没有踏上那条对的路。就像很多干劲十足而又野心勃勃的人一样，恩里克早期的成功分散了他的精力，使他无法对目标有清晰的认识。后来，他看了雅克·库斯多（Jacques Cousteau）率领著名的“卡里普索号”（Calypso）科考船进行航海探险的故事，从那一刻起，在全球最美的海洋中潜水开始成为他的梦想。几年后，当一个绝佳的机会出现时，他再次掉转了自己职业车轮的方向，去征战能够真正实现个人贡献峰值的领地：成为《国家地理》杂志的驻站探险家。这样他就能够花大量时间在最偏远的地方进行潜水探险，同时还可以运用自己在科学和通信方面的优势对全球性政策施加影响。**要获得一份梦想中的工作，其代价就是放弃很多不错的工作，甚至是非常棒的工作，以及与这些好工作相媲美的各种机遇，去等待那个他能够热情十足地说出“YES”的那个机会。而这种等待是值得的。**

只有很少的人，能够从事自己热爱的、能发挥自己才干的，以及服务世界需要的工作，恩里克是这少数人中的一个。他的主要目标是帮助建立类似于国家公园的机构，来保护海洋中最后的原始区域——一个真正伟大的贡献。

精要TIPS

- 如果答案不是一个确定的 Yes，就是一个肯定的 No。
- 只接受前 10% 的机会。
- 制定一种既有选择性又明确的标准。
- 放弃“不错”，等待“最好”。

Part Ⅲ

精要主义者养成的第二步：排除

eliminate

How can we cut out
the trivial many?

ELIMINATE

导读

摆脱无意义的多数

再回想一下本书前言部分谈及的那个关于衣柜的隐喻。到了这个时候，你已经仔细打量了挂在你衣柜里的所有东西，并且把衣服分成了“必须保留的”和“可能应该扔掉的”两堆。但是，你真的打算把那堆“可能应该扔掉的”衣服装进袋子里并送走吗？

换句话说，仅仅确定哪些行为和努力不可能带来个人贡献峰值是不够的，你还得积极地淘汰它们。该部分将告诉你，如何排除那些不重要的，这样你就能为真正重要的事情做出更大的贡献。不仅如此，你还将学到实现上述目标的方法，让你的同事、领导、客户和对手对你尊重有加。

扔掉旧衣服并非易事。毕竟，人们还有点恋恋不舍，也还会担心“假如”过了几年后悔不该扔掉那件带着大大的垫肩和花哨的条纹的上衣，那怎么办。这种感觉是正常的，研究表明，人们对于自己已经有的东西的估价，往往高于它们的实际价值，于是扔掉这些东西就更难。如果你还不舍得抛弃那件比喻中的上衣，就问问这个致命的问题：“如果没有它，我愿意花多少钱去买它？”同理，在人生中，在决定要淘汰哪些事情时，也问一个致命的问题：“如果没有这个机会，我愿意做什么来得到它？”

当然，要找到那条铁律，去拒绝那些出现在你工作和生活中的机会——往往还是非常好的机会，比扔掉衣柜里的旧衣服要困难得多。但是，你必须找到它，因为你要记住，任何时候你没有对不重要的事情说“NO”，就意味着你默认自己对它说了“YES”。因此，一旦你已经对选项进行了充分探索，你要问自己的问题就不是：“在那些具有竞争性的优先级事情中，我应该选择哪个？”而是要问这个本质性的问题：“我应该拒绝哪个？”这个问题才能揭示你真正应该优先做的事情，才能真正为你的团队打开最好的前行之路，才能显示你真实的意图并帮助你实现个人贡献峰值，不仅为你自己的目标，也为你团队的使命。这个问题，能够传递一种罕见而宝贵的明确性，而这种明确性是获得改变职业和生活中游戏规则的突破点所不可或缺的。

CHAPTER 09

CLARIFY

One Decision That Makes a Thousand

要素六

澄清，做一个以一当千的决定

> 不休不止，向着一个目标前进，这便是成功的秘诀。
>
> ——安娜·巴甫洛娃

非精要主义者	精要主义者
愿景及使命陈述模糊、普通	战略具体实在，鼓舞人心
拥有具体的季度目标，但不能激励和鼓舞成员为上新台阶而努力	目标意图具有重大意义且可以量化
设定了价值理念，但缺乏执行的指导原则	做一个以一当千的决定

让我们先来做一个游戏。以下是 3 家公司的使命陈述。你试试能否为每家公司找到匹配的使命陈述。

公司	使命陈述
1. 爱科集团 农业设备的主要制造商和经销商，产品主要有：替换零件、拖拉机、牧草设备和各种机械等	A. 用一流的服务、持续的创新、优良的品质和诚信如一来创造利润
2. 多福集团 垃圾车等机械设备及喷墨式打印机、电路板组装等电子设备的制造商	B. 在服务客户和股东利益的每一个市场成为领头羊
3. 迪安食品公司 食品及饮料公司，主要生产牛奶、奶制品和豆制品	C. 公司首要目标是实现长期股东价值最大化，遵守经营所在地法律法规，始终秉持最高道德标准

你匹配对了吗？如果你觉得一头雾水、不知所措，那么你就和很多人同病相怜。面对千篇一律、毫无辨识度的陈述，大家都觉得这是不可能完成的任务。这类模糊、浮夸的任务陈述，现在依然在某些领域被视为“最佳作法”，但是

很多情况下它们并不能像预期的那样奏效，它们无法激起员工清晰的目标意识。

本书的这个部分主要涉及如何排除非精要事务，以便把所有精力投入到最有意义的事情中去。我们要学会排除的第一种非精要事务的类型，就是任何与你的奋斗目标南辕北辙的事情。这听上去很简单，但是要做到这点，你首先必须明确自己的目标是什么——这就是本章要解决的问题。

从“很清楚”到“真的清楚”

与我合作过的经理人，常常说自己公司的目标或战略“很清楚”，似乎这样就够了。然而，任何一个戴眼镜的人，都知道“很清楚”和“真的清楚”之间存在很大的不同。同样的问题也存在于个人的职业规划上。每当我问别人：“未来5年，你真正的职业目标是什么？”令我吃惊的是，直到现在，能回答这个问题的人依然寥寥无几。

要不是因为目标明确总是能够预示人们如何工作，这个问题也就不那么重要了。在同执行团队合作的过程中，我很讶异，如果这个团队仅仅是“有点明确”而不是“真的明确”该干什么，会发生什么。

首先，人的动力会大打折扣。事实证明，如果没有目标，团队的积极性和合作效果都会打折。你可以花大力气通过培训来改善管理者在人际沟通、团队合作和进行360度反馈报告方面的能力，但那是徒劳无功的。如果团队缺乏明确的目标及角色定位，问题就会越来越严重，越来越多。

这不仅是我的理论，或者是我在某本商务类书籍中读到过的内容。通过收集500多人在100多个团队中的经历，我发现了一个不争的事实：人们一旦对团队目标及自身角色定位缺乏明确的认识，就会感到困惑不解、压力重重、灰心失意；相反，当他们有较高程度的明确性时，就会积极振作起来。

没有明确的目标，人们往往会在无意义的事情上虚掷光阴，耗费精力。当他们足够明确自己的目标时，就有能力在真正重要的领域实现更大的突破和创新，这种成就甚至连他们自己都不曾认识到。在我的工作中，我发现当团队缺乏明确的目标时，会出现两种典型的模式。

模式 1：设计自己的游戏，制定自己的规则

在这种模式中，团队极度热衷于赢得老板的青睐。这种模式的问题在于：当人们不知道游戏最终会变成怎样时，就会迷惘于如何去赢得老板的青睐。结果，他们各自设计自己的游戏，制定自己的规则，竞相争宠。他们不再集中自己的时间和精力来做出更大的贡献，而是机关算尽施展计谋，比如处心积虑把竞争者比下去，妄自尊大，对老板所说的一切随声附和、言听计从。这些行为非但毫无意义，而且还具有破坏性，会产生适得其反的效果。

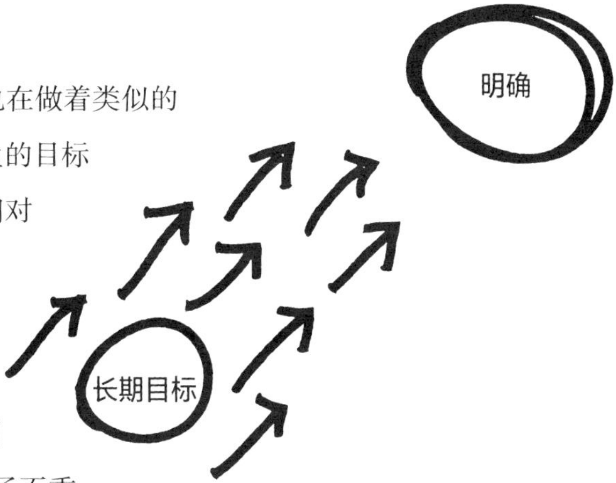

在个人生活中，我们也在做着类似的事情。一旦我们不清楚人生的目标究竟何在，换句话说，我们对于目标、追求和价值缺乏明确的意识时，就会设计自己的社交游戏。我们浪费时间和精力来力图把别人比下去。我们高估了不重

要的东西，比如把豪车美宅、Twitter 上的粉丝数量或者自己上传到 Facebook 上的照片等虚无缥缈的东西看得过重。结果，忽略了真正重要的事情，比如花时间陪伴心爱的人，滋养自己的心灵，关心自己的健康，等等。

模式 2：假装一切都好

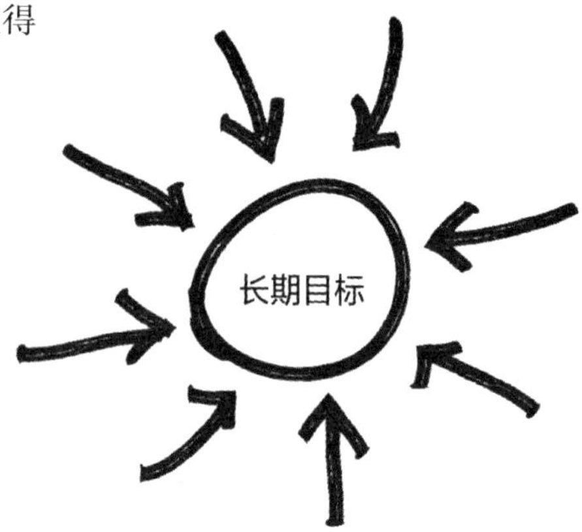

在这种模式里，缺乏目标的团队变得群龙无首。因为方向不明，人们追求的净是些短期利益，丝毫不顾及自己的行为对于团队整体的长期目标是否有所贡献（或者在某些情况下，是否会产生破坏力）。有时候，这样的行为确实具有良好的动机，有些就个人而言，甚至还具有重要意义。但是，当人们在团队中工作时，多个不同任务产生的分歧和差异，却无益于团队整体目标的达成。这种团队每向前一步，就会后退五步。

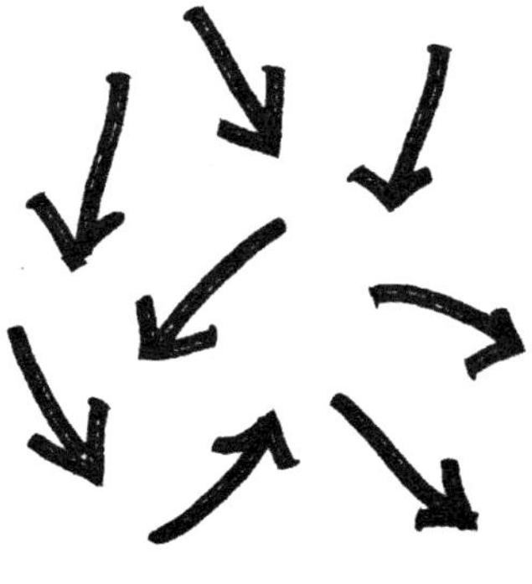

与此类似，当一个人参与了太多不同的任务——哪怕是好任务时，也可能导致无法实现最重要的使命。其中的一个原因是，多种行为无法产生合力，因此不能对整体的意义有所增益。比如说，学习 5 种不同的专业，每一种都很好，但也不能等同于一个学位。同理，在 5 个不同行业里的 5 种不同的工作，并不能保证职业的向前发展。方向不明，缺乏目标，什么好就做什么，并不足以实现贡献峰值。正如拉尔夫·瓦尔多·爱默生（Ralph Waldo Emerson）所说：**“那败坏了人类和国家的罪恶就在于那种工作，它时不时地为了一个权宜的目的，而偏离了主要轨道。”**

相反，如果团队有着真正明确的目标，每个成员了解自己的角色定位，团队的动力就会出现神奇的变化。动力增长，蓄势待发，团队整体的贡献就会日积月累，不断攀高。

那么，如何让团队和个人的努力具有明确的目标呢？方法之一，就是确定精要目标是什么。

精要目标

要了解什么是精要目标，最好的方法也许是先确定什么不是精要目标。我们可以运用一个 2×2 的矩阵来探究其中的含义。

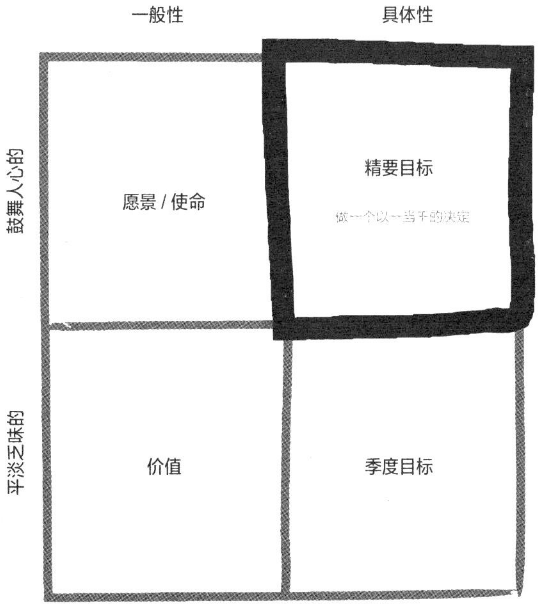

在左上角象限里，我们可以归入“我们要改变世界”这样的愿景和使命，这种陈述听上去鼓舞人心，但实际上普通得让人留不下任何印象。在左下角象限里，我们可以找到一大串模糊、普通的价值理念，比如“创新”“领导力”“团队精神”，都是典型的平淡无奇、千篇一律，丝毫不能引发任何激情。在右下角象限里，我们可以设定一些必须关注的短期季度目标，比如“利润在去年的基础上提升 5%”，这些短期策略因为足够具体，就会引起关注，但往往缺乏鼓舞力量。

精要目标，却是既鼓舞人心又明确具体，既充满意义又容易衡量。如果操作正确，一个精要目标是一个可以以一当千的决定。就像你决定自己要当医生，而不是律师一样。一个战略选择可以排除其他所有选项，为你未来 5 年、10 年甚至 20 年的生活规划路线。一旦重大决定已经做出，所有随之而来的其他决定就能更好地聚焦。

玛莎·莱恩·福克斯（Martha Lane Fox）受英国首相之命担任英国首位“数字化倡导者”（Digital Champion）[①]时，获得了机会对这个新角色进行描述。你可以想象玛莎可能会尝试的所有模糊不清、枯燥或者晦涩难懂的解释方法，如同呆伯特连载漫画（Dilbert）一般呼之欲出。

然而，玛莎和她的团队却提出了这样一个精要目标：“到 2012 年末，保证让每一个英国人都能上网。”多么简洁、具体、鼓舞人心而又易于衡量！它让每个团队成员都确切地知道自己要干的究竟是什么，以便能协调行动和精力，来精简掉其余所有的无关事务。这让每个团队成员，不管资历深浅，

---

① 该项目由英国数字化创新研究所与蒂赛德大学共同开展。申请成为“数字化倡导者”，将会接受数字技术方面和教学技能方面的培训，然后通过非正式授课或影片展映等形式，将其所了解的数字技术传授给所在社区的居民，减少数字隔离。——译者注

都有权推却并表示：“但这个新想法真的有助于实现我们的目标吗？”而且，它也让他们能够更好地赢得合作者的支持，从而大大加速目标实现的进程。纵然他们尚未实现自己的全部抱负，明确目标也让他们得以创造出比其他任何情况下都大得多的贡献。

这就是我们的公司、团队和职业生涯所需要的目标陈述。那么，我们怎样才能制定出一个既具体可行又鼓舞人心，既充满意义又容易衡量的目标陈述呢？

制定精要目标的两大要点

1. 重在实质，而不是形式

每当制定目标陈述的时候，不管是为自己的公司、团队，或者是为自己，人们总是念念不忘那些无关痛痒的形式上的细枝末节，比如：“我们应该使用这个词，还是那个词？”于是，套用陈词滥调和时髦词汇就在所难免了，其结果就是我在本章开头时所引用的那些模糊不清、毫无意义的陈述。一个精要的陈述并不需要精雕细琢，它重在实质，而不是形式。问一个更加重要的问题，它将在你未来做出每一个决定时提醒你：**“如果我们只能在一件事情上做到出类拔萃，那将会是一件什么事情？”**

2. 具体的目标才拥有鼓舞人心的力量

这就是说，要实现目标明确，启发鼓舞更加有用。一说到鼓舞和启发，我们常常会想到那些花言巧语和高谈阔论。但是，尽管这些虚华的辞藻的确有些鼓舞人心的作用，但我们需要记住的是，具体的目标不仅能够提振士气，还能提升境界。一个充满力量的精要目标能够鼓舞士气，这在一定程度上是因为它具体得足以回答“我们如何知道自己已经成功了”这个问题。

比尔·米汉教授（Bill Meehan）向我充分阐释了这其中的道理。比尔教授为麦肯锡公司的首席执行官和高管提供战略咨询服务长达30年，现任教于斯坦福商学院，讲授“非营利机构战略管理”课程。我在研究生期间参与了这门课程的学习，当时他给大家布置的作业之一，就是对一些非营利机构的愿景及使命陈述进行评价。

该课程学员们查看了100多个案例，发现其中最浮夸的那些陈述恰恰是最没有启发性和鼓舞性的。例如，其中一个组织的使命是“消灭世界上的饥饿”，但是考虑到这个组织只有5名成员，这个使命就是空话一句。在这一大堆大而无当的理想主义表述丛中，有一个陈述立刻被我们所捕获，并使我们从中大受启发。它的来源略微出人意料：演员/社会企业家布拉德·皮特（Brad Pitt）惊讶于卡特里娜飓风后新奥尔良市重建工作进展之慢，创建了一个名为“让它重新归位”的机构，核心目标是“为居住在下九区的家庭建造150所价廉环保且能抵御暴风雨的房屋”。这个陈述摒弃了浮夸和空洞，目标的明确性使它真实可信，而这种真实性又使它具有鼓舞人心的力量。“我们如何知道自己已经成功了？”答案就在这里。

真正明确，才能真正优秀

精要目标的适用性远远不局限于职位描述或者公司使命陈述，一个真正意义上的精要目标能够指导你获得更明确的目标意识，帮助你绘制生活的路径。例如，南非前总统纳尔逊·曼德拉（Nelson Mandela）在长达27年的监禁生活中成长为了一名精要主义者。1962年入狱时，他的一切几乎都被剥夺殆尽：家庭、名誉、骄傲，当然还有自由，均不复存在。他选择用这27年专注于真正重要之事，摒弃其余一切——包括他自己的愤恨在内。他把消除南非的种族歧视当作自己的重要使命，在这个过程中，他创造了一笔留存至今的遗产。

设定一个精要目标并非易事。它需要勇气、卓识和远见，来看清什么样的行为和努力能够提升个人贡献峰值。它需要我们面对尖锐的诘问，做出真正的取舍，并且执行严格的纪律约束，以割舍掉那些极具竞争力却会诱使我们偏离真正目标的重要事务。然而，为精要目标做出这些努力是值得的，因为只有当目标真正明确时，人员、团队和组织才能充分调动起来，并达到真正的优秀。

精要 TIPS

- “很清楚”不够，“真的清楚”才行。
- 精要目标既具体可行，又鼓舞人心；既充满意义，又容易衡量。
- 只有目标真正明确，才能达到真正优秀。

CHAPTER 10

DARE

The Power of a Graceful “No”

要素七

勇气，优雅说“不”的力量

勇气，就是在压力下展现优雅。

——欧内斯特 · 海明威

非精要主义者	精要主义者
为了避免社交尴尬和压力而不说“不”	敢于坚定地、决绝地、优雅地说“不”
应承一切事情	只答应真正的要事

在合适的时机正确地说“不”能够改变历史的进程。

类似的例子不胜枚举，其中一个便是在深受种族隔离之苦的蒙哥马利市一辆公共巴士上，罗莎·帕克斯（Rosa Parks）沉静而又坚决地拒绝让出座位，这几乎在顷刻之间集结起了推进民权运动的力量。帕克斯回忆说：“当（公共汽车司机）看到我还坐在座位上时，他问我是否准备站起来，我回答说，‘不，我不准备让座’。”

与普通观念不同的是，她勇敢地说“不”，并不是出于特别的自信或一般意义上的个性。实际上，当她被选为全美有色人种进步协会蒙哥马利分会主席秘书时，她解释说：“在那里，我是唯一的女性，他们需要一个秘书，我胆小得没敢说‘不’。”

她在公共汽车上做出的决定，更多的是出于她对自己在此时此刻刻意要做出的选择充满了坚定的信念。当司机命令她离开座位时，她说：“我感到有一种决绝如同冬日晚上的被子一样，盖过了我的全身。”她没有意识到，自己的一个决定会激起一场波及全世界的运动。但是，她知道自己需要的是什么。她知道，即便是在被捕的时候，“这是我最后一次在这样的屈辱中乘车”。为了告别屈辱，哪怕冒着监禁的风险，也在所不惜。是的，于她而言，这就是头等大事。

诚然，我们都希望自己不会面临罗莎·帕克斯那样的处境，但我们依然可以从中获得启发。需要勇气说“不”的时候，想一想罗莎·帕克斯。记住她那种信念的力量，面对社会压力，坚定自己的立场，不向无意义屈服。

你可曾感觉到，自己认为对的和别人迫使你去做的，二者之间剑拔弩张？你可曾感觉到，你内在的信念和外在的行动势不两立？你是否曾违心地答应，仅仅是为了避免冲突和摩擦？你可曾感觉到，在拒绝老板、同事、朋友、邻居或家庭成员的邀请或要求时，自己是多么的恐惧和胆怯，因为你怕他们会失望？如果你的答案是肯定的，那么你并不孤独。带着勇气和优雅来驾驭这样的时刻，是成为精要主义者最重要也是最难掌握的技能之一。

我并不打算专门就勇气写一个章节。但是，随着我对精要主义理解的愈发深入，我更加清楚地认识到了，勇气是排除冗余和无益之事的关键所在。没有勇气，“自律地追求更少”不过是挂在嘴上的空话，是茶余饭后的又一种谈资，其深度不会超过皮肤的厚度。任何人都可以夸夸其谈地说，专注于最要紧的事情是多么重要，而且很多人确实这样说过，但真正敢于这样做的人却寥寥无几。

我说这些并没有带任何批判色彩。害怕说“不”，我们对此有着充足的理由。我们担心自己会失去一个重大的机会。我们害怕破坏现状、制造事端、过河拆桥。一想到会让自己敬重、喜欢的人失望，我们就无法忍受。但这些都不足以让我们成为坏人。这是人性的一部分。然而，尽管拒绝别人是如此艰难，但如果不这样做，我们就会错过重要得多的东西。

有一位叫辛西娅的女士，给我讲述过一个她父亲曾经计划带她夜游旧金山的故事。当时12岁的辛西娅和她父亲对这个计划中的“约会”期盼了好几个月。他俩把整个旅程计划得细致入微：辛西娅将参加父亲最后一个小时的讲座，4点半在会议室后面集合，在所有人都涌上来和他说话之前快速离开。他们将搭上一辆有轨电车去唐人街，吃他们最喜欢的中国菜，买一个纪念品，在那里欣赏一会儿风景，然后像她父亲喜欢说的那样去“看一场电影”。接下来，他们将坐出租车回酒店，跳入泳池快速地游会儿泳（她父亲在泳池关闭后偷偷潜入的水平堪称一绝），从客房服务那里点一份淋着热浓糖浆的圣代，看一场午夜秀。他们把所有细节讨论了一遍又一遍。那种期待本身也是整个经历的一个组成部分。

一切都像计划的那样进展着，直到他父亲正要离开会议中心的时候，偶然遇见了一个老同事兼商业伙伴。他们两人已经数年未见，辛西娅看到了他们那么热情地拥抱对方。那位朋友说：“看到你正在和我们的公司合作，我真是太高兴了。当我和洛伊斯得知此事时，我们觉得这简直就是完美。我们想邀请你，当然还有辛西娅，去渔人码头好好享受一顿海鲜晚餐。”辛西娅的父亲回答说：“鲍勃，看到你真是太高兴了。去渔人码头吃晚餐太棒了！”

辛西娅却垂头丧气，灰心不已。她朝思暮想的观光游览和冰激凌圣代转眼就泡汤了。还有，她不喜欢吃海鲜，她都能想象得到整夜听着大人们之间不停说话会是多么无聊。但是，他父亲紧接着又说：“但是今晚不行。辛西娅和我有一个特别的约会计划，不是吗？”他朝辛西娅使了个眼色，并拉起她的手，然后一起出了门，去继续那个难忘的旧金山之夜。

无巧不成书，辛西娅的父亲就是管理思想家史蒂芬·柯维（Stephen R. Covey），就在辛西娅给我讲这个故事的前几个星期，他刚刚离世。因此，在回忆起那个旧金山之夜的时候，辛西娅感情深挚。他那个简单的决定“使得他和我永远骨肉相连，因为我知道对于他来说，最重要的就是我”！她这样说道。

作为同时代中最受欢迎、读者最多的商业思想家之一，史蒂芬·柯维是一名精要主义者。这不仅是由于他经常向全世界的重要领导人和国家元首传授精要主义原则——比如“头等大事就是要把头等大事当作头等大事”，他自己也是身体力行，亲身实践。而在那个时刻，当他把与女儿共度欢乐时光当作头等大事的时候，他留下的快乐回忆直到他死后还是令他女儿久久难以忘怀。从某种角度来看，他做出那样的决定似乎平淡无奇。但很多人若处在他当时的位置上时，可能会接受朋友的邀请，因为他们担心拒绝会显得鲁莽无礼和不知好歹，或者会错失一个与老朋友共享晚餐的良机。那么，为何在当下，大胆选择重要的事情，放弃不重要的事情，是如此艰难?

一个简单的答案就是，我们分不清什么才是重要的事情。当事情发生时，我们变得毫无防御能力。而与之相反，当我们对什么是要事确定无疑时，我们就如同拥有了一个力场，保护自己免受来自四面八方的非精要事务的侵袭。

罗莎·帕克斯拥有深刻而清晰的道德感，这给了她非同寻常的坚定信念。史蒂芬·柯维拥有明确的期盼，这让他和自己心爱的女儿共度了难忘的快乐之夜。几乎在每一种境遇下，对何事重要的确定性都能为我们补给力量，来对非精要事务说“不”。

因为说“不”，所以高效

在当下选择重要之事为何如此艰难，这其中的第二个原因其实再简单不过，无非就是我们内心对社交尴尬畏首畏尾。实际上，作为人，我们都对与同类交往乐此不疲。毕竟，几千年前，当人类过着以采集、狩猎为主的群居生活时，就依赖于同别人的联结。然而，**我们对群体对我们期望的服从，心理学家称之为规范性从众，**虽然如今这种服从已经不再是生死攸关之事，但那种渴求却始终深深地根植于我们的头脑中。这就是为什么，不管是一个老朋友邀请你去吃饭，或是你的老板让你负责一项重要的、备受瞩目的项目，抑或是一个邻居拜托你帮忙参加家长会的糕点义卖活动时，哪怕是一个拒绝的念头都会给人带来身体上不舒服的感觉。我们觉得内疚，我们不想让别人失望，我们害怕破坏关系。但是，这些情绪会让明确性变得混乱不堪，会分散人的注意力，导致人们认识不到事实就是要么拒绝，然后遗憾几分钟；要么答应，换来几天、几周、几个月，甚至几年的后悔。

要摆脱这样的困境，唯一的出路就是学会说“不”，坚定地，决绝地，却很优雅地说“不”。因为一旦我们这样做，就会发现自己对打击别人和惹怒别人的担心其实是被夸大的，而且还会发现人们实际上会更加尊重我们。自从成为精要主义者以来，我发现人们普遍都尊重和羡慕那些有着坚定信念勇于说“不”的人。

彼得·德鲁克是我眼中的现代管理学之父，他就是一位精通优雅拒绝这门艺术的大师。以研究“心流”著称的匈牙利教授米哈里·希斯赞特米哈伊，曾为了写作《创造力：心流与创新心理学》（*Creativity: Flow and the Psychology of Discovery and Invention*）[①]采访过一批创新达人。德鲁克的回答引起了希斯赞特米哈伊的浓厚兴趣，因此他进行了逐字引用：“您 2 月 14 日的来信让我深感荣幸并受宠若惊，因为多年来我一直钦佩您和您的工作，并从中学会了很多。但是，亲爱的希斯赞特米哈伊教授，我恐怕不得不让您

① 本书中文简体字版已由湛庐文化策划、浙江人民出版社出版。——编者注

失望了。我可能无法回答您的问题。您说我是富有创造力的人，但我不知道那是什么意思……我只不过是坚持埋头苦干而已……如果我说富有成效的秘密之一就是准备一个很大的废纸篓来装所有像您发来的那种邀请函，希望您不要觉得我很冒失或者无礼。**根据我的经验，提高生产效率的方式是不做任何帮助别人的工作，而是把自己全部的时间花在上帝安排我们去做的事情上，并且把它做好。”**

How many times have you said no today?

今天，你说了几次“不”？

作为一个精要主义者，彼得·德鲁克深信“因为说不，所以高效”。

非精要主义者凡事都答应，是因为感觉到了那种社交尴尬和压力。他们常常为了追求取悦别人之后那种兴冲冲的感觉而自动说“Yes”，根本不假思索。但是，精要主义者知道，在这种兴冲冲的感觉过去之后，随即而来的就是懊悔的折磨。他们知道，如果这样做，自己很快就会感觉到受了欺负，因而愤恨不满——对别人，也对自己。最后，他们会清醒地认识到自己将面临一种不愉快的现实：为了应许新的承诺，自己现在不得不牺牲更重要的东西。当然，**关键不在于对所有要求都全盘拒绝，而是在于拒绝不重要的事情，以便应承真正重要的事情。对一切说“不”，频繁地说，优雅地说，只有千真万确的要事除外。**

优雅说“不”的六大原则

我们怎样才能学会优雅地说“不”呢？下面就是一些基本的原则和具体的方案，教你怎样来优雅地说“不”。

1. 把决定和关系分开来

当别人让我们去做什么的时候，我们往往会把这个要求和自己同他们的关系搅和在一起。有时候，它们看上去是如此的相互关联，以至于让我们忘记了拒绝这个要求并不等同于否定这个人。只有当人们把决定和关系分开来的时候，才能做出一个明确的决定，然后另行找到勇气和同情来传达它。

2. 优雅地说“不”并不代表必须使用“No”

精要主义者更多地选择“不”，而不是说“不”。可能在某个时候，说“不”最优雅的方式就是直言不讳地说“不”。但是，“您能想到我，真让我受宠若惊，但我恐怕爱莫能助”，或者是“我非常愿意，可是我已经力不从心了”，这样清楚并且礼貌地拒绝别人、却不使用“不”字的方法很多很多。在本章的后面部分，你将找到更多例子，帮助你优雅地说“不”。

3. 关注权衡取舍

在答应的时候，对自己将要牺牲什么考虑得越多，拒绝就会变得越容易。不能清晰地认识到机会成本——也就是我们所放弃的东西的价值，那么我们就很容易跌进非精要主义的陷阱，自欺欺人地告诉自己我们可以搞定一切。其实，我们不能。一个优雅的“不”，来自对权衡取舍一清二楚却又不会言明的算计。

4. 自我提醒，每个人都是推销员

这并不是说你必须对别人疑心重重。我也不是要暗示大家，说人是不值得信任的。我只是说，每个人都在贩售一些东西——一种想法，一种观点，一种主张，来换取你的时间。清楚地知道被贩售的是什么，有助于我们更加谨慎地决定是否去购买它。

5. 说“不”需要用人气换尊重

说“不”通常会在短时间内对关系产生影响。归根到底，当有人提出要求，却没有得到满足时，他或她的第一反应很可能就是烦恼、失望，甚至气愤。不利之处是一看便知的，而潜在的有利之处却不那么显而易见：当最开始时的烦恼或失望、气愤渐渐褪去时，尊重便会显露出来。一旦我们有效地推回别人的请求，就等于告诉他们，我们的时间是非常宝贵的。这便是行家里手和初出茅庐者之间的分水岭。

在这方面，一个恰当的例子就是平面设计师保罗・兰德（Paul Rand）有勇气对史蒂夫・乔布斯（Steve Jobs）说“不”。当时乔布斯正在为 NeXT 公司物色一个商标，他让曾为IBM、UPS、安然公司（Enron Corporation）、西屋电气公司（Westinghouse Electric Corporation）、美国广播公司（American Broadcasting Corporation，ABC）设计过商标的兰德提供一些设计方案。但是，兰德并不想提供“一些方案”。他只想做出一种设计。于是，他便说：“不，我只为你提供解决问题的方案，而且你得给我支付报酬。当然，你没有必要一定采用这种方案。如果你需要多种方案，那就另请高明吧。但是，我将会拿出我最好的设计方案来。用或者不用，都由你来决定。”结果毫无意外，兰德解决了问题，设计出了乔布斯想要的“宝石”标志，但是这个事件中真正值得关注的是兰德的“推脱”在乔布斯身上所起的作用。在后来谈及兰德时，乔布斯这样说道：“他全面透彻地考虑了客户和像他那样的专家之间的所有正式关系，从这个意义上说，他是我所合作过的人当中，最具专业水准的行家之一。”兰德拒绝乔布斯时，无疑是冒着风险的。他用短期内的人气损失换来了长期的尊重，这是物有所值的。

精要主义者接受自己不能始终都让所有人喜欢的现实。诚然，怀着敬意，合情合理并且优雅地说“不”，会在短期内带来社交成本。但是，精要人生的题中之义，就是认识到从长远来看，受人尊重比被人喜欢重要得多。

6. 一个明确的“不”比一个模糊的“是”更优雅

任何一个曾处于表态接收端的人都知道，相较于不答复，或是用一些诸如“我将努力解决问题”或明知自己不行却还说“我可能行”这样不作许诺的回答来蓄意误导别人，清楚地说“我不干”就有价值多了。模棱两可不等于优雅，延迟说那个最终还是要说的“不”，只会让它更难说出口——它会引起对方更深的怨恨。

有效说“不”的八种方法

请记住，精要主义者并不是偶尔才说“不”。这是他们的常备技巧之一。经常性地、优雅地说“不”，那么，面对别人的要求时，你就有各式各样的回应方法。以下八种应对方法，你可以放入自己的说“不”技巧大全中。

1. 尴尬的停顿

不要因为害怕尴尬的沉默而束手束脚，主动拥抱它。把它当作工具。当你面对要求的时候（很显然这只在面对面时有用），停顿一会儿。先数到三，然后再做出自己的判断。或者，如果你更勇敢一些的话，就等着别人来填补空白。

2. 委婉地说“不”或“不，但是”

我最近收到一封电子邮件邀请我去喝咖啡。我答复说：“我目前正忙于写书。但是，我想一写完书就和您聚一聚。请告诉我，在夏季快要结束的时候是否方便聚会。”电子邮件也是练习说“不，但是”的好办法，因为它能给你机会，来反复斟酌修改用词，使你尽可能优雅地说出那个“不”字。而且，很多人发现，电子邮件的空间距离能减轻人们对尴尬的担忧。

3. “我需要先看一下日程表，然后再答复您。”

我认识一个领导人，她觉得自己整天的时间都被别人操纵了。她是一个典型的非精要主义者，虽然聪明能干，但却不会说“不”，结果很快就成了一个“万事帮”类型的人。人们常来找她，问她：“你能不能帮我完成×项目？”为了当一个好公民，她答应了。但是，这些五花八门的工作事项很快就让她感到不堪重负。后来，她学会了用一种新的措辞来答复请求：“我需要先看一下日程表，然后再答复您。”这才让她的境况得到了改观。这种措辞让她有时间先停顿一下，好好想一想，最后答复别人：很遗憾，我无法提供帮助。这种措辞也让她能够重新获得对自己决定的控制权，而不是别人一提出要求，就仓促答应。

4. 使用电子邮件的回复功能

当收件人外出或者不在办公室的时候，发件人会很自然地希望获得邮件自动回复。实际上，这是接受度最高的一种说“不”的方式。使用这种自动回复的人，没有说他们不想回复你的电子邮件，而是说在这一段时间里，他们无法答复你。那么，为什么仅仅在节假日时才用这种功能呢？在我写这本书的时候，我就设定了主题为“处于修行模式中”的电子邮件自动回复。这封回复邮件这样写道：“亲爱的朋友，我目前正在写一本新书，这极大地占用了我的时间。很遗憾，我无法以我喜欢的方式来回复你。我为此深表歉意。——格雷戈。”你猜结果怎么样？大家似乎适应了我暂时的不存在，也不介意我不回应的行为。

5. “好的。那么我要取消的是什么？”

在很多人看来，对单位的高层领导说“不”，这几乎是无法想象的，甚至是可笑的。然而，如果说“YES”，会导致你无法集中精力完成自己的工作，那么此时，说“不”也是你的职责所在。在这种情况下，说“不”不仅是合情合理的，也是至关重要的。为达到这个目的，一种有效的方法是提醒你的上级，如果你答应做这件事，那么你将无法做其他事，就让他们来解决这个取舍问题吧。

比如，经理来找你，问你能不能做 × 事项，你可以答复说：“好的，我很乐意优先完成这项工作。但是，为了集中精力在这个新项目上，我应该把哪些项目先放一放？”或者就说：“我很想把这个工作做好，但是考虑到我还有其他的任务，如果我再承担这一项，我将无法把工作做得好到令自己满意。”

我认识一位领导，他的一名下属就是这样答复他的。他一点儿也不想干扰这位工作高效、做事有条理的员工，于是他收回了这项并不太重要的任务，派给了一个做事不那么有条理的员工！

6. 带着幽默感说“不”

最近有一位朋友邀请我一起参加一项马拉松训练。我的回答很简单：“没门儿！”他笑了笑说：“啊，你可真是言出必行呀。”由此可见，精要主义者这个名声多么有用！

7. “欢迎你 X。我愿意 Y。”

比如，“欢迎你用我的车。我愿意保证你一定能拿到钥匙。”这样一说，也委婉表达了“我不能开车带你”的意思。你要说的是你不想做什么，但你用来表达这个意图的语言却是你愿意做什么。这是一个特别好的方法，用以驾驭一个你愿意稍稍支持一下但又不能全力以赴的请求。

我非常喜欢这种结构的答复，因为它同时表达了对他人以及对你自己的选择能力的尊重。它让双方都注意到了自己可以做些什么选择。

8. “这个我做不了，但是 X 可能对此感兴趣。”

很多人都倾向于认为自己的帮助具有无可比拟的价值，但是人们在提出要求的时候，通常并不在乎帮助他们的究竟是不是我们，只要有人帮忙就行。

安・泰勒及洛夫特女装零售公司（Ann Taylor and LOFT）的首席执行官凯・克里尔（Kay Krill）过去常常对拒绝社交邀请感到头疼。结果，她最后还是参加了很多毫无兴趣的社交活动。很多办公室聚会，她发现自己一到那儿就后悔不该来。

后来有一天，她的一位良师益友告诉她，应该把那些无关紧要的人和事驱逐出自己的生活，这样就可以把所有的精力投入到真正于己有益的事情上去。这个建议让她重获新生。现在，她已经很善于挑选取舍了。熟能生巧，礼貌地拒绝别人于她来说已是易如反掌。凯解释说：“说‘不’对我来说一点都不难，因为我知道什么对我是重要的。我唯一希望的是，我要是能早点学会拒绝就好了。”

说“不”本身就是一种领导能力，而不仅仅是一种外在的技能。对于任何一种能力，我们起初都是经验不足。对于说“不”，我们也是新手。然后，我们学会了一些基本技巧，会出错，并从中学习，然后发展更多技能，并不断实践。不久，我们拥有了一个本领大全供自己使用，最后我们就掌握了一门社交艺术。我们可以优雅、体面地处理几乎来自所有人的所有请求。海德思哲国际咨询公司（Heidrick & Struggles）首席执行官汤姆·弗里尔（Tom Friel）曾对我说："我们需要学会慢点说'好'，快点说'不'。"

精要TIPS

- 把决定和关系分开。
- 优雅地说"不" 并不代表必须使用"NO"。
- 关注权衡取舍。
- 自我提醒，每个人都是销售员。
- 说"不"是用人气换尊重。
- 一个明确的"不"比一个模糊的"是"更优雅。

CHAPTER 11

UNCOMMIT

Win Big by Cutting Your Losses

要素八

放弃，止损就是最大的赢

> 人生中一半的麻烦源于答应得太快，拒绝得太慢。
>
> ——乔希 · 比林斯

非精要主义者	精要主义者
问：“为什么现在要停止这个项目，我已经在这上面投入了这么多？”	问：“如果不是之前已经有投资，我现在愿意在这个项目上投入多少？”
认为：“如果我坚持努力，就能取得成功。”	认为：“如果我现在就此罢休，这些时间和金钱可以用在何处？”
不愿承认错误	愿意脱手止损

不管如何评估，协和式超音速喷射客机都是航空工程的一大惊人创举。坐这种客机，从伦敦飞到纽约只要 2 小时 52 分钟 59 秒，比传统飞机的飞行时间短了一半，这使其成为世界上飞行速度最快的客机。

然而，令人遗憾的是，这种飞机在财务上却出奇地失败。当然，商业上失败的伟大思想、创新和产品比比皆是。但是，这个失败的独特之处在于，它持续亏损长达 40 余年。每当它超出预算的时候，英法两国政府就会砸入更多的资金。他们这样做，并不是不知道这些不断追加的投资收回的希望微乎其微，前期的投入就更是打水漂了。由于飞机上座位有限，预定很少，生产成本又高，因此即使是采用最夸张的估算方法，这个项目也是无利可图的。的确，当英国内阁文件按照国家档案 30 年后可供公众查阅的规则公之于众的时候，人们得知，当时英国政府的部长们早就知道这项投资“经济前景黯淡”。

为什么在这么长的时间里，这些有头脑、有才干的英法政府官员要一再投资这项一看便知的亏本买卖？原因之一就是常见的“沉没成本”这种心理现象。

沉没成本，该忽略就忽略

沉没成本指的是，由于已经投入其中的成本无法收回，而对某项已知的亏本生意继续投入时间、金钱或精力的倾向。毫无疑问，这很容易导致一种恶性循环：投入越多，就越想破釜沉舟坚持到底，直到投资获得回报。在某事上投入得越多，要从中抽离就越困难。

研发和制造这种协和式超音速喷射客机的沉没成本约 10 亿美元。英法两国政府在其中砸的钱越多，就越是欲罢不能。个人也同样很容易为沉没成本所俘虏。这就解释了，为什么我们能够忍受一场难看的电影而不中途退场，是因为我们已经为电影票花了钱。房子装修似乎永不见完工，但我们却总是不断地往里面投钱，大概也是出于同样的原因。也正是受制于沉没成本，哪怕公交车或地铁迟迟不来，我们也会一直等着，而不去叫一辆出租车；明知一段关系有害无益，我们也会精心维护，哪怕自己的努力只会让情况更糟。诸如此类的例子俯拾即是。比如亨利·格瑞伯汉姆（Henry Gribbohm），他最近把自己毕生的全部积蓄，共计 2 600 美元，都花在了一场狂欢节游戏上，结果却只赢得了一个大号香蕉娃娃。他花得越多，就越是铁了心要赢回来。亨利说："'我一定要把钱赢回来'的这个念头让人欲罢不能，但结果却适得其反。"随着对这个毫无意义的活动投入越来越多，他越无法从中脱身。

你是否也曾在无意义的事情上不断投入时间和努力，而不是斩仓止损？你是否也曾在成功无望的投资上越砸越多，而不是收手脱身？你是否也曾在没有前途的道路上一条道走到黑，因为不想承认从一开始就选错了方向？尽管已经深陷想补偿损失反而损失更多的怪圈，非精要主义者却依然不愿迷途知返，冲破藩篱，挣脱陷阱。而精要主义者却有勇气和自信承认自己的错误并脱身抽离，忽略已经沉没的成本。

沉没成本实在是太普遍，但它不是唯一需要我们小心提防的非精要主义陷阱。以下是另外几种常见的陷阱及相应贴士，帮助你礼貌、优雅地并以最少的代价解救自己。

六个常见陷阱与六条应对策略

陷阱 1，禀赋效应

主人翁意识效力非凡。就像一句谚语所说的那样，世上从来就没有人会洗租赁的车！**这是禀赋效应（The Endowment Effect）在作祟，也就是当一个人没有某件物品时，他就倾向于低估这件物品的价值，而当他一旦拥有该物品，就会倾向于高估它的价值。**

在一项证实禀赋效应作用力的研究中，诺贝尔经济学奖获得者丹尼尔·卡尼曼（Daniel Kahneman）及其同事做了一项实验。他们把被试随机分成两组，并只给第一组每人发放了一个咖啡杯。然后问第一组人，这个咖啡杯他们想要卖多少钱。问第二组人，他们愿意花多少钱来买这个杯子。结果，“拥有”杯子的人表示低于 5.25 美元不卖，而没有杯子的人只愿花 2.25~2.75 美元来买这个杯子。换句话说，仅仅是因为拥有的缘故，就让这些杯子的主人们高估了杯子的价值，并且更加不愿舍弃它们。

在你的生活中，我相信你一定可以想到这样的东西，一旦你想要放弃它们的时候，它们就会显得更加有价值。想象一下，一本闲置在书架上多年未翻的书，一个仍未开封的厨房用具，或者一件从米尔德里德姨妈（Aunt Mildred）那里买的但从未穿过的运动衫。不管它们是否对你有用或者让你高兴过，它们属于你这个事实，都会让你觉得它们比不属于你的时候更有价值。

遗憾的是，对于不重要的事情以及不重要的物品，我们都有这样的偏见。如果自己是团队主管，一项毫无进展的工作项目就会显得格外要紧。如果自己是募捐活动的召集人，那么不参加志愿糕点售卖活动就会难上加难。当我们感到自己是某项活动的“主人”时，就倍加欲罢不能。但是，这里有一个有用的小窍门。

对策 1，假装你还不曾拥有它

汤姆·斯塔福德（Tom Stafford）描述了一种简单的克服禀赋效应的方法。不要问：“这件物品我估值多少？”而是问：“如果手头没有，我愿意花多少钱来得到它？”对于机会和义务，也应该采取同样的方法。不要问：“如果错过了这个机会，我会有怎样的感受？”而是要问：“如果我没有这个机会，我愿意花多大的代价去得到它？”同样，我们也可以问：“如果我不是已经参与了这个项目，我愿意费多大的劲儿来参与其中？”

陷阱 2，对浪费的恐惧

俄亥俄州立大学心理学教授霍尔·阿克斯（Hal Arkes）在研究决策过程中的判断力问题时，有个难题让他困惑不已。为什么成年人比小孩更容易受到沉没成本的影响？他认为，这其中的原因是成年人终身都受控于“不要浪费”这条规则，因此当我们成年时，我们已经能训练有素地避免出现浪费，甚至对自己也是一样。“放弃一个你已在其中投入许多的项目，会让你感到一切都浪费了，而我们都被教导过浪费是应该避免的。”阿克斯说道。

为了说明这点，他向一群参与者演示了以下这个情境：假定你已经花了100美元买了一张去密歇根的周末滑雪旅游票。几个星期后，你又花50美元买了一张去威斯康星州的周末滑雪旅游票。你认为自己会更喜欢威斯康星州的那场滑雪旅游。当你把新买的威斯康星州滑雪票放入钱包时，发现这两张滑雪票都是同一个周末的。去卖掉或退掉其中任何一张都已经太晚了。你必须选定用哪张。阿克斯问大家："你们将去哪里滑雪旅游？"超过一半的参与者都表示，他们愿意选择票价更贵的那场，尽管他们并不那么喜欢它。他们为此给出的理由是，使用那张便宜的票，会比使用那张贵的票，浪费更多的钱。很自然，人们不想放弃在一个错误的选择上已经浪费的东西，但一旦我们真的这样做了，就注定要浪费更多。

对策2，承认失败，让成功开始

我记得有一位友人，他从来都不会停下车去问路，因为他从不愿承认自己已经迷路了。我们总是浪费时间和精力开着车一圈圈地来回绕，却哪儿都到不了—— 一个典型的非精要行为。

只有当我们承认自己犯了错，才能让这个错误留在过去。而如果我们总是一味地否认错误，就会始终漫无目的地原地打转，无法取得任何进展。承认错误，没有什么可羞耻的，因为我们真正承认的，是自己现在比过去更聪明了。

陷阱3，强己所难

在电影《窈窕淑男》（*Toutsie*）中，达斯汀·霍夫曼（Dustin Hoffman）

扮演了一个拼命找工作的男演员。电影以一连串滑稽可笑的试镜失败开始。在其中一次试镜中，男主人公被告知“你太年轻了”。而在下一次试镜时，又被告知“我们要找的是一个年轻一点的人”。然后，再下一次就是“你的身高不符合要求”，他答道：“我可以更高。”但导演却回答说：“不，我们在找一个矮一些的人。”因为迫切想要得到这个角色，霍夫曼扮演的那个演员解释说：“我不这么高也是可以的，看见了吗，我是垫了增高鞋垫了。我可以变矮。”但是导演同样也很坚持：“这我知道，但我们要找的不是你这样的。”这个准演员还是不泄气，他再次回击说：“我可以变得不同。”在这个故事中，值得关注之处在于我们常常像霍夫曼所扮演的那个角色一样，太过努力地去追求不属于自己的东西。不管是在个人的生活中，还是在职场生涯里，人们都很容易去强己所难，强行匹配。那么，出路何在？

对策 3，寻求中性的第二意见

每当我们因非要强行促成并不合适的事情而精神不安时，找一个参谋通常会有用处。由于事不关己，我们怎么选择都不会影响到他，于是他就可以让我们不再费力不讨好地去做一些根本无法做成的事情。

我曾经为了强行完成一个根本完不成的项目，浪费了好几个月的精力。回想起这件事，我发现投入越多，情况越糟。但是非理性的反应却是追加投入。我自认为我是可以搞定的！我不愿接受自己一直在浪费精力这个现实。最后，我向一个朋友倾诉了自己的挫败。他对这个项目不带任何感情色彩，没有沉没成本的负担，可以从不同的角度来评估我的决定。听完我的叙述后，他说：“你又不是和这个项目结婚了。”这句简简单单的话解放了我，让我停止了对这个项目没完没了的投资。

陷阱 4，现状偏见

仅仅是由于自己一直在做某事而继续做下去，这种倾向有时被称作“现状偏见”（Status Quo Bias）。我曾工作过的一家公司，使用着一套在我看来早就严重过时的员工评价系统，我很想知道它究竟已经用了多久了。当我在公司里查找这个系统的发明者时，发现就连公司资深的人力资源总监也不知道这套系统的来历。更令人震惊的是，这位总监在公司工作的 10 年里，居然没人问过她有关系统的问题。仅仅因为它们早已存在，就听之任之、盲目接受，不再费心费力地询问质疑，这实在是太容易了。

对于这样的现状偏见，我们可以从会计学中借鉴一种治疗方法。

对策 4，运用零基预算法

通常，会计在进行预算分配的时候，会以上一年度的预算作为下一年度预算规划的基底。但是，**零基预算法（Zero-Based Budgeting）却是以零为基底的预算方法。换句话说，预算提议中每一个项目支出的必要性都必须从零开始证明**。这样做尽管比较费力，但是好处很多：它能根据实际需要而不是历史经验，对资源进行有效的分配，能够发现夸大其词的预算需求，引发对过时操作的关注，鼓励人们进一步明确目标并提升支出与项目的契合度。

我们在工作中也可以运用零基预算法。不必以现有的任务为基础来进行自己的时间预算，而是要假定一切都难以预料，先前所有的承诺都已不复存在。然后，从零开始，问问自己愿意给今天加上什么任务。对于一切事情，不管是财务问题，还是你所负责的项目，甚至是你身处其中的各种关系，都可以这样操作。时间、精力和资源每使用一次，都必须重新证明使用的必要性。如果它不复适用，那就彻底消除。

陷阱 5，随意承诺

有些人的时间被一些软性承诺塞得满满当当，这些都是他们不知在什么地方见到什么人时，因为随便发发评论或随意交谈了几句而不经意间答应下来的。你知道我所指的就是那种——你和邻居聊起了她在家长会的工作，和同事谈到了她现在负责的一个新项目，或者和朋友说起了一家他很想去尝尝的新餐馆，而还没等你完全反应过来，你就已经做了某种许诺。

对策 5，先停顿，再说话

这听起来似乎是显而易见的事情，但是在答应一件事之前先停顿 5 秒，能大大降低做出后悔承诺的可能性。先别让“这听起来很棒，我很愿意”这样的话脱口而出，而是问问自己：“这事儿重要吗？”如果你已经随随便便做出了一个让自己后悔不已的承诺，想一个好办法抽身而退吧。道个歉并且告诉对方，当时你做出这个承诺的时候，没有充分认识到它会带来什么。

陷阱 6，害怕错过

本章已经提供了充分的例证，告诉大家绝大多数人天生就非常厌恶损失。因此，脱离现行轨道的障碍之一就是害怕自己会错过好东西。

对策 6，逆向试行，战胜害怕

近年来，“原型法”理念（Prototyping）在商界很流行。构建一种原型或者大尺度模型，可以让公司试运行一种理念或产品，而不用预先进行大规

模投资。同样的理念可以被反向运用，以一种相对而言低风险的方法排除不重要的东西，领英的董事丹尼尔·夏皮罗（Daniel Shapero）称这种方法为“逆向试行”（Reverse Pilot）。

在逆向试行中，你可以检验取消一项尝试或活动是否会产生负面效应。例如，我合作的一位领导者在公司里担任了一个新的高管职务，他接手了其前任费了很大力气实施的一项工作：每周为其他领导者写一份大篇幅、非常直观的涉及多个主题的报告。这极大地消耗了他团队的精力。他假设这个报告并未给公司带来太多价值。为了检验这个假设是否正确，他进行了一次逆向试行。他停止了报告的发布，等着看会出现什么样的反应。他发现，没有人对这个报告流露出想念的意思，几星期以后，甚至都没人提起这个报告。结果，他得出结论：此报告对公司并无重要意义，可以取消。

在我们的社交生活中，也可以进行类似的逆向试行。你是不是经常会对顾客、同事、朋友或者家庭成员做些承诺，你总是觉得这些能给他们带来重要影响，但实际上他们可能根本没有注意到？悄悄地取消或者至少把一个活动缩减几天或几周，你大概就能评估出它是否真的重要或者是否真的没人在乎。

就算用上了这些技巧，“不履行承诺”还是比从一开始就不承诺要难。要对已经承诺的事或人说“不”，是会让人深感愧疚，但我们也得直面它，没有人愿意违背自己说过的话。不过，学会这样做，以自己的勇气、专注和自律赢得尊重，是成为精要主义者的关键所在。

精要 TIPS

- 小心禀赋效应，假装你还不曾拥有。
- 克服对浪费的恐惧，承认失败，让成功开始。
- 不要强己所难，寻求中性的第二意见。
- 小心现状偏见，运用零基预算法。
- 不要随意承诺，先停顿，再说话。
- 不要害怕错过，逆向试行，战胜害怕。

CHAPTER 12

EDIT

The Invisible Art

要素九

编辑，看不见的艺术

我在一块大理石中看到了一位天使，我不停地雕刻，直到将它释放。

——米开朗琪罗

非精要主义者	精要主义者
认为要改善就意味着要增加	认为要改善就需要删减
对每个词、形象或细节都恋恋不舍	删减分散注意力的词、形象和细节

每年奥斯卡金像奖的重头戏是“最佳影片奖”。在颁奖典礼播出的前几周，媒体就对此奖项的归属进行预测，大多数观众还会熬夜观看此奖的颁发。而那天晚上还有一个没有被大肆炒作的奖项：最佳剪辑奖。看看现实情况吧：当最佳剪辑奖宣布的时候，大多数观众会转换频道，或者跑到厨房再满满地装上一大碗爆米花儿。然而大多数人不知道的是，其实这两个奖项是高度相关的：自 1981 年以来，每一部获得最佳影片奖的影片无一不是最起码获得了最佳剪辑奖的提名。实际上，在获得最佳剪辑奖提名的影片中，有大约 2/3 的影片最后都获得了最佳影片奖。

在奥斯卡金像奖的历史中，最受尊敬的（如果不是最著名的）电影剪辑师是迈克尔·卡恩（Michael Kahn），获得 8 次提名——超过了这个行业中的任何人，并 3 次获奖。虽然他的名字不是家喻户晓，但他剪辑的电影却是。经他剪辑的著名影片有《拯救大兵瑞恩》《夺宝奇兵》《辛德勒的名单》《林肯》。在 37 年的时间里，他剪辑了几乎所有史蒂文·斯皮尔伯格（Steven Spielberg）的电影，成为斯皮尔伯格电影工作中不可或缺的帮手。然而，卡恩的名字却鲜有人知。因此，电影剪辑有时候被认为是“看不见的艺术”。

很明显，剪辑就是严格淘汰那些无意义的、不重要的或者不相关的内容，它是一种精要工艺。那么，优秀剪辑师是怎么炼成的？当美国电影艺术与科学学院（The Academy of Motion Picture Arts and Sciences）的电影剪辑行会成员坐下来挑选最佳剪辑提名者时，正如马克·哈里斯（Mark Harris）描写的那样，他们“非常努力地不去看那些他们应该去看的”。也就是说，**一个优秀的电影剪辑师会让人很难不去看重要内容，因为他已经淘汰了除了绝对必须存在的元素之外的一切东西。**

在本书第5章里，我们把探索过程比作成为新闻记者，它需要提问、倾听和联系要点，以便将有意义的少数和无意义的多数加以区别。因此，在精要主义者养成过程的下一个阶段，淘汰这些无意义的事务，就意味着要充当自己人生和领导力的剪辑师。

杰克·多西（Jack Dorsey）是Twitter和移动支付公司Square的联合创始人兼首席执行官。他有着一种较为罕见的精要管理方法。在我最近参加过的一次晚宴上，他发言说，首席执行官就好比是公司的首席编辑。还有一次，他在斯坦福大学更深入地解释了这个问题：“关于编辑，我的意思是可做之事千千万万，但是重要之事只有一二。各种各样的想法……来自工程师、支持者、设计师的各类信息如潮水般不断涌来，该做之事多得泛滥……作为一名编辑，我不断地吸收这些输入的信息，决定哪一点或是哪一交汇部分，是值得去做的。”

删减冗余，删减冗余

编辑的工作并不仅是说“不”，这连三岁小孩儿都会。编辑也不仅只是淘汰，实际上，编辑还以某种方式增加补充。我是说，一个优秀的编辑通过深思熟虑的删减，为思想、环境、情节和人物增添生命活力。

与此类似，在生活中，训练有素的编辑工作可以提升你的贡献水平。它能让你变得更加专注，为真正重要的事情投入能量和精力。它能给最有意义的关系和行为以更大的空间来繁荣生长。

编辑，能让执行变得不费力气，因为它扫清了一切容易导致分心的、不必要的和棘手的事情。或者，就像一位图书编辑说得那样："我的工作是让读者的生活变得尽可能轻松自如，帮助他们尽可能清晰地理解最重要的信息和道理，这就是我的目标。"

当然，编辑也需要进行权衡取舍。一名编辑不会试图安排每一个章节，每一个情节转变，每一个细节，而是会问："这个章节、情节转变或者细节，能让故事更出色吗？"而作者，不管是电影、图书还是新闻作品的作者，都很容易过分专注于某种观念或者作品主体，特别是那种呕心沥血之作。要删除作品中的几个段落、几页纸，甚至几个章节，简直如同割肉般疼痛难忍，因为它们最初是用了几个星期、几个月，甚至可能是好几年才写成的。但是，这种训练有素的删除却对这门手艺非常重要。你必须像史蒂芬·金（Stephen King）说的那样：**"删减冗余，删减冗余，哪怕这会让你这个以自我为中心的小文人心碎，删减冗余。"**

当然，编辑一部电影，或一本书，或任何其他的创意作品，并不等同于编辑自己的人生。在生活中，我们不能奢望重新聆听刚刚进行的那次交谈，或再参加一次刚刚主持过的会议，或再做一遍刚刚做过的一个报告。然而，编辑工作所固有的四条简单原则，可以用来把无意义之事逐出我们的生活。

编辑自己人生的四条原则

1. 删减，自律地抛弃那些好选项

显而易见的事情是，编辑必须把容易让读者犯晕并且遮蔽信息和故事的内容删除掉。编辑精良的电影和图书都是赏心悦目并且便于理解的，这都是有据可查的。

当我们做出决策的时候，决定删减选项是可怕的，但事实是，这正是决策过程的精华所在。实际上，decision 一词的拉丁词根“cis”或者“cid”，字面意思即为“切”或“杀”。

在 scissors（剪刀）、homicide（杀人犯），或者 fratricide（杀害兄弟者）这些词中，也有这个词根。既然归根结底，选项更少能让决定“更加赏心悦目”，我们就必须严格自律地抛弃那些不错的，甚至非常好但却成为障碍的选项。诚然，要下决心删除好东西是痛苦的。但是，当我们意识到自己赢得的每一个额外时刻都能用于更好的事情之上时，那么最终每一次删减都会带来快乐——也许不是那么立竿见影，但终能实现。这也许解释了为什么史蒂芬·金会写“写作是人做的，编辑是神做的”。

2. 精缩，用有意义的活动取代无意义的活动

想必很多人都容易有这样的想法：“我必须道歉，如果我有更多时间的话，我就会写一封更短的信。”的确，少做可能更难，不论是在艺术创作中，还是在人生中，都是如此。每一个词，每一个场景，每一个活动都必须

更有价值。为了让每一个词都有价值，编辑必须无情。你能不能只用一个句子，而不是两个，就把意思说清楚？现在用两个词的地方能不能只用一个词？艾伦·威廉姆斯（Alan D. Williams）在《编辑是什么？》（*What Is an Editor*）一文中指出，“编辑要问作者两个问题：你所说的正是你想说的吗？你的表达是不是尽可能地清晰、简洁？”精缩，意味着尽可能清晰而简洁地表达。

同样，在生活中，精缩让我们事半功倍，以一当十。比如，当格拉汉姆·希尔（Graham Hill）搬进位于纽约的40平方米的寓所时，他想知道自己可以把物品精简到什么程度。最终结果是一种被他称为“小珠宝盒”的设计。这个盒子很管用，因为每一件家具都是多功能的。例如，画左边的墙是一个大大的投影屏幕，可以用来看电影，其中还藏着两张客床，当有客人来住宿时可以拉出来用。右边的墙折向下，越过长沙发，就是一张双人床。每一件家具都具有双重或者三重功能，换句话说，所有物品都在为公寓生活做出更大的贡献。这种设计如此具有新意，因此希尔把它变成了一个企业，专注于让小空间发挥大功用的艺术。他还给它起了一个恰当的名字：LifeEdited.com（编辑后的生活）。

但必须明确的是，精缩并不代表要马上做更多，而是意味着要少浪费。它指的是，用更少的词表达同样的思想，用更小的空间获得同样的功用，或者用更少的努力取得同样的成就。要在生活中运用精缩原则，我们必须改变行为与意义之间的比率，淘汰许多无意义的活动，并用特别有意义的那一个来取代它们。比如，我合作过的一家公司里有一名员工（他在公司地位足够稳固，毫无失业之忧）经常不参加其他人都参加的每周例会，只是问下别人会上讲了什么。这样，他就把一个2小时的会议精缩成了10分钟，把节省下来的其余时间用于完成重要工作。

The Latin root of the word decision——cis or cid——literally means “to cut” or “to kill.”

“decision”一词的拉丁词根——“cis”或“cid”字面意思为“切”或“杀”。

3. 纠正，反观核心，调整方向

编辑的工作不仅包括删减和精缩，还包括纠正错误，也许只是一个微小的改动，比如纠正一个语法错误，但也可能是一个复杂问题，比如匡正论证中的各种谬误。要做好纠错工作，编辑必须对自己正在加工的这个作品的核心主旨了如指掌。迈克尔·卡恩解释说，他并不总是按斯皮尔伯格说的去做，而是按他自己认为斯皮尔伯格真正想要的去做。因为理解了最核心的意图，迈克尔·卡恩所做的纠正工作，甚至连斯皮尔伯格本人都不能用言语表达出来。

同理，在我们自己的职业生涯或个人生活中，我们可以经常性地反观自己的核心目标来调整航向。正如我们在本书第 9 章中讨论过的那样，具有一个支配一切的精要目标，能帮助我们进行自我审视，审视自己的活动和行为是否与自己的目标相符相配。如果行为有误，我们就要编辑修正。

4. 少量编辑，知道在什么时候谨慎克制

这似乎有点违反常理，但最好的编辑并不认为需要改动一切。他们知道，有些情况下，必须让某些特定的内容保留原样，这是对编辑判断力的最佳运用。这也从另一种途径体现了编辑是一门看不见的艺术。最好的外科医生不是开刀最多的那个，同样，最好的编辑常常是对作品改动最少的，最谨慎克制的那一个。

成为自己人生的编辑，也必须知道什么时候应该谨慎克制。方法之一，就是编辑自己要插手干预的那种倾向。比如，当我们被拉进一个电子邮件话题时，要克制住常常会有的那种第一个回复全部的冲动。参加会议时，克制

住想插话的冲动。我们可以等待，观察，看看情况怎么变化。少做，不但是一种效力强大的精要策略，而且也是一种非常有用的编辑策略。

非精要主义者将编辑工作视为一种分散独立的任务，只在事务繁重、令人难以应付时才不得已而为之。但是拖延太久才去编辑，会让我们迫不得已地做出一些不是自己选择的重大舍弃。相反，持续性地编辑自己的时间和行动，能让我们一路上都可以做出一些更小但却是深思熟虑的调整和改变。要成为精要主义者，就要让删减、精缩和纠正成为我们日常工作的天然组成部分，要让编辑成为生活的自然节奏。

精要 TIPS

- 删减，自律地抛弃那些好选项。
- 精缩，用有意义的活动取代无意义的活动。
- 纠正，反观核心，调整方向。
- 少量编辑，知道在什么时候谨慎克制。

CHAPTER 13

LIMIT

The Freedom of Setting Boundaries

要素十

边界，设定界线会带来自由

“不”，是一个完整的句子。

——安妮·拉莫特

非精要主义者

认为：如果有界线，自己将受限制

视界线为约束

努力尝试直接说“不”

精要主义者

懂得：如果有界线，自己将不受限制

视界线为自由

事先设定界线，避免直接说“不”

金永是韩国一家科技公司的员工，她发现自己的婚礼筹备正好与董事会会议的准备工作撞车，这个会议将在她大喜之日的前三周召开。金永的经理李孝利吩咐她把董事会会议上的报告所需的脚本和幻灯片都准备好。金永连着好几天每天都工作 15 个小时，很快完成了工作，这样就可以把董事会会议的准备时间用于筹备婚礼了。看到她提前完成了工作，她的经理很吃惊，也很高兴。金永现在有连续 5 天的时间可以全心投入自己的婚礼筹备活动。

可是后来，金永的经理紧急要求她在董事会会议之前完成一项额外的项目。在一起工作的几年时间里，金永从来没有跟李孝利说过“不”字，哪怕她说出的“Yes”会让她短时间内陷入一片混乱之中（这样的事情经常发生）。到目前为止，金永已经花了不知道多少时间，也不知道做出了多少牺牲，来执行每一个要求和任务，并利索、完整地交付了工作。然而这一次，她毫不犹豫地对她的主管说“不”。她没有道歉，也没有为自己的答复过多地辩护。她只是简单地说：“这次的婚假我已经计划好了，并为之努力工作，我理应享有它……我没有过错。”

不可思议的事情发生了。团队中的其他所有人都说了“不”，经理李孝利只好自己完成这个任务。一开始，李孝利很生气。她花了整整一周才完成这个任务，因此很不高兴。但是，费劲地干了好几天后，她发现自己工作中存在各种各样的毛病。她很快就意识到，如果要使自己的管理更高效，她必须停下来整顿局面，让团队中的每一个成员明确期望、责任和结果。最后，她很感激金永让她看到了自己工作方式上的失误。通过设定界线，金永不仅使经理看到了团队动力中的不健康状态，同时也为改变创造了空间，她的所作所为为她赢得了持久的感激和尊重。

模糊的界线与被侵蚀的生活

界线的丧失是非精要时代的典型特征。当然，一方面，技术已经完全模糊了工作和家庭之间的界线。现在，对于别人期望我们能够干活而言，已经不存在任何界线。我最近让一个行政助理给我提供与客户的会面时间，其中还包括了星期六早上。尽管那个会面并没有那么紧迫，安排在周六也没人认为有何不寻常之处。但是我很好奇，星期六已经成为新的星期五了吗？然而，大多数人没有意识到的是，问题不仅在于界线已经模糊了，还在于工作的界线已经恶意地侵蚀了家庭生活的领地。很难想象，大多数公司的领导者，如果看到员工周一上午带着孩子来上班会感到很舒服。可是如果看到员工周六或周日来办公室为一个项目加班，他们似乎不会有任何异样的感觉。

克莱顿·克里斯坦森（Clayton Christensen）是哈佛商学院教授，著有《创新者的窘境》（*The Innovator's Dilemma*）一书。[①]他也曾被人要求做出这

① 克莱顿·克里斯坦森是当今最具影响力的创新大师，著有5本著作，其中《创新者的处方》和《创新者的课堂》中文简体字版已由湛庐文化策划、中国人民大学出版社出版。——编者注

样的牺牲。当时，他正就职于一家管理咨询公司，一个合作伙伴过来要求他周六加班赶一个项目。克莱顿简要地答复说：“哦，对不起。我已经承诺过了，每个周六都要陪伴我的妻子和孩子。”

对方很不高兴，气冲冲地离开了，但是后来他又回来告诉克莱顿：“克莱顿，我已经同团队里的每一个人都谈过了，他们都答应了星期天来加班。所以我希望你也能来。”克莱顿叹了口气，然后说道：“感谢你这样做。但是礼拜天也不行。我的礼拜天已经给了上帝，因此我不能来加班。”这个合作伙伴之前就已经很懊丧了，现在更是心灰意冷。

克莱顿并未因为坚持立场而丢了饭碗，而且，尽管在当时他的选择并不受待见，但最终他因此赢得了尊重。界线发挥了效用。

克莱顿回忆说：“这件事给我上了重要的一课。如果我当时破例一次，那么我大概已经破例好多次了。”界线就如同沙堡的围墙一般，一旦倒下，其余就会瞬间崩塌。

我不否认，设定界线绝非易事。仅仅因为金永和克莱顿从中受益，并不足以说明界线永远都会起作用。金永可能会失去工作机会。克莱顿不愿意在周末加班，这可能会限制他的职业发展。界线的确会索要高昂的代价。

然而，不推脱的代价更高——你会失去选择人生头等大事的能力。对于金永和克莱顿来说，在职场中赢得尊重和拥有陪伴上帝及家人的时间是最重要的，因此他们慎重地并且战略性地将这些事列为头等大事。归根到底，如果你不设定界线，界线就无从谈起。或者更糟，界线是有，但它们顺从默认设置或者由他人说了算，而不是由你自己主动设计。

非精要主义者总觉得界线就是约束和限制，是自己超级高产的人生道路上的拦路虎。对于非精要主义者来说，设定界线无异于自证懦弱。他们认为，如果自己足够强大，界线就毫无必要。他们能够应付一切，搞定一切。但是由于没有限制，他们最终被拉扯得细若游丝，搞定一切终成幻影。

而与之相反，精要主义者视界线为一种授权。他们承认，界线保护了他们的时间，使之免受劫持，界线也让他们摆脱了对有利于实现他人目标而非自身目标之事说“不”的负担。他们知道，清晰的界线能让他们积极主动地淘汰各种要求和累赘之事，以免自己精力分散，无法专注于真正重要之事。

If you have limits you will become limitless.

设定界线，才能获得自由。

免受他人事务烦扰的四个方法

当然，设定界线的挑战远远超出了职场范围。在个人生活中，的确有些人在要求我们牺牲时间的时候，毫无界线意识。你是否也经常感觉到自己的周末被别人的事情所劫持？在你的生活中，是否也有这样的人，丝毫觉察不到他／她正在越过别人的界线？

在我们的生活中都会有这样一些人，和他们维护关系要比跟其他人费劲。这些人总是把他们自己的问题当成我们的问题。他们让我们偏离自己的目标，他们只关心自己的日程事项。如果我们听之任之，那么他们就会榨取我们的时间和精力，来为他们的重要事务而非我们自己的核心事务效力，这样我们就无法实现自己的目标。

因此，我们该如何从金永和克莱顿·克里斯坦森身上吸取经验，设定界线，让它们保护我们免受他人事务的烦扰呢？下面有几个方法供你参考。

1. 别人的问题不是你的问题

我不是说我们不应该帮助别人。我们当然应该为别人提供服务，关爱他们，使他们的生活有所改变。但是，如果别人把他们的问题变成我们的问题，那么我们就不是在帮他们，而是在纵容他们。一旦替他们承接了问题，我们所做的一切就变成了剥夺他们解决问题的能力。

作家亨利·克劳德（Henry Cloud）在《过尤不及》（*Boundaries*）一书中讲了一个故事，说的就是这种情况。有一次，一对父母过来看他，希望他能“治好”他们那位 25 岁的儿子。他就问：“为什么孩子没有一起来？”这对父母说：“他不觉得自己有问题。”在听了他们的讲述之后，克劳德得出结论，这结论让这对父母很吃惊:“我觉得你们的儿子是对的。他没有问题……有问题的是你们……你们付钱，你们焦急，你们担心，你们计划，你们费尽心力让他继续这样下去。那么，他就没有问题了，因为你们已经从他那里把问题接过去了。”

然后，克劳德给他们打了个比方。想象一个邻居，他从来不给他家的草坪浇水，但是只要你打开你的洒水器，水就洒到了他家的草坪上。你的草地渐渐变黄并行将枯死，但是邻居看了看他家的青青绿草，暗自思忖：“我家的院子不错呀。”于是，所有的人都是输家：你的努力白费了，邻居也从没有养成给草地洒水的习惯。怎么解决？正如克劳德说的：**“你必须筑起篱笆，让他的问题离开你的院子，待在它们该待的地方。”**

在职场中，有人总想使用你的洒水器来给他们自己的草浇水。也许是老板让你为他的一个宠物项目效力；也许是一个同事让你为一个她自己都无暇完善的报告、讲演或计划贡献智慧；也许是一个同事在走廊上拦住你，喋喋不休地跟你说话，而你正要去参加一个重要的会议，有一个要紧的电话要打，或者桌上还堆着重要的工作。

不管是谁想要榨取你的时间和精力，来为他自己的目的服务，唯一的解决办法就是筑起篱笆。不是在他们提出要求的时候，而是必须提前筑起篱笆，清楚地划分出哪些是超越了界线的，以便将浪费时间和侵犯界线之事阻挡在关隘之外。不要忘了，迫使这些人自己解决自己的问题，不仅于你有利，也于他们有益。

2. 没有界线，就没有自由

有一个关于一所学校的故事，巧妙地阐述了这个道理。这所学校临近一条繁华的道路。最开始的时候，孩子们只能在操场上一小片划出来的区域里玩耍，这片区域临近一幢住宅楼，大人们可以在那里看着孩子们。但是后来，有人围着操场筑起了一道围墙。现在孩子们可以在操场上的任何一个地方玩耍了。他们的自由，实际上比之前增加了一倍还多。

同样，如果我们不在自己的生活中设定界线，那么就只能被囚于别人替我们设定的限制之中。相反，如果我们有了清楚的界线，我们就能自由地从整个领域中进行选择，或者从我们精心选择的要去探索开发的全部选项范围中进行挑选。

3. 找到自己的坏事者

当我让领导者们确定自己的界线时，他们几乎都做不到。他们知道自己是有 些界线的，但就是不能用语言表达出来。一个简单的事实是：如果你不能和自己、和别人说清楚这些界线，那么你期待别人能够尊重或者找到你的界线，恐怕是不现实的。

想想那个频繁把你从精要道路上拉出去的人，列一个坏事者清单——这个人提出的各种要求和行为，你都拒绝，除非它们正好和你自己的优先要事或者事项安排有交叉重叠之处。

找到你的坏事者的另一种快速测试方法就是，每一次你感到别人的要求冒犯了你或欺骗了你，你都要记下来。你无须通过某种极端的方法就能注意到它。即使是一个令你不快的小小“刺痛”（我觉得这种描述有助于形容你的界线所受到的那种微小侵犯），不管是来自一个你不想得到的邀请，还是一个不请自来的“机会”，抑或是一种帮个小忙的请求，都是你发现自己隐藏的界线的线索。

Sets boundaries in advance that eliminate the need for the direct "no".

事先设定界线，
避免直接
说“不”。

4. 制定社会契约

我曾与一位同事搭档工作，他处理项目的方法与我截然相反。因此，有人预测我们之间会闹得不可开交。然而，我们的工作关系却十分融洽。这是为什么呢？因为从合作一开始，我就郑重其事地亮出了自己的优先事项，说明了在项目存续期间哪些额外的工作我乐意做，哪些不乐意做。“让我们说好我们想得到什么，”我开门见山说道，“以下这些事情对我来说很重要……”而且，我让他也这样做。

这样，我们就完成了一个“社会契约”，这与本章开篇故事中金永和她老板定的那个可不一样。就双方真正要着力实现的目标提前达成共识，互相了解对方的界线，这让我们避免了浪费彼此的时间，不去给对方提出徒增烦恼的要求，也不去分散对方的注意力，使其无法专注于要紧之事。结果，我们都在这个项目上实现了个人贡献峰值，而且尽管也有意见不同，但在整个工作过程中，我们相处得十分融洽。

通过不断练习，你会发现，设定界线会变得越来越容易。

精要 TIPS

- 不要把别人的问题，变成你的问题。
- 设定界线，才会拥有自由。
- 找到自己的坏事者。
- 制定社会契约。

Part IV

精要主义者养成的第三步：执行

execute

How can we make doing
the vital few things
almost effortless?

EXECUTE

导读

让有意义的少数做起来毫不费力

关于执行，有两种思考方法。

非精要主义者通常会用蛮力执行，而精要主义者却通过淘汰无意义之事来节省时间，设计一套体系，让执行变得毫不费力。

在本书前言部分中，我们谈到人生就好比一个塞得过满的衣柜，精要主义者会将它整理得井然有序。我们谈到，如果想让自己的衣柜保持整洁，就需要进行一种常规性的整理。就需要一个很大的袋子，来装要淘汰的东西，而需要留下来的东西只有很小很小的一堆。你必须知道弃物存放地和当地旧货商店的营业时间，你还要预先安排好去那里的时间。

也就是说，一旦确定了哪些行为和努力要在人生中加以保留，你就必须设立一套体系来执行。不能等到衣柜满得要被撑破时，才去用超人般的努力来清理。你必须有一套体系，这样保持衣柜整洁不过是例行公事，毫不费力。

做容易做的事是人的天性。在本书这个部分，你将学会如何让正确的事情——重要的事情，执行起来尽可能轻松自如，顺利无阻。

CHAPTER 14

BUFFER

The Unfair Advantage

要素十一

缓冲，充足准备带来优势

给我 6 个小时砍倒一棵树，我会先花 4 个小时来磨快斧子。

——亚伯拉罕 · 林肯

非精要主义者	精要主义者
认为最好的情形会发生	为意外情况设置缓冲
不到最后一刻不行事	提前做好最充分的准备

在《圣经》中有一个关于约瑟夫的故事，是他把埃及从一场长达7年之久的可怕饥荒中拯救了出来。埃及法老做了一个梦，他自己无法解释，于是就让手下那些最聪明的智囊们给他好好解释一番。但他们也无能为力，幸好有人想起了关在狱中的约瑟夫善于解梦，于是约瑟夫便被召去帮法老解梦。

法老梦见自己驻足于一条河边，看见7头肥壮的母牛从河里上来，在岸边吃草。随后，又有7头干瘦的母牛从河里上来，它们吃掉了第一次上来的那7头肥壮的母牛。对此，约瑟夫解释说，这个梦意味着埃及将迎来7个丰收年，但之后会遭受7个荒年。因此，他建议法老委派一个“谨慎且智慧”之人将7个丰年中每一年的收成保留1/5，积蓄起来以备荒年之需。法老同意了这个提议并委任约瑟夫为地位仅次于他的高官，掌管埃及事务。约瑟夫成功地推行了他的计划，当7个饥荒年到来之时，埃及和周边地区的所有人，包括约瑟夫一大家族的人都幸免于难。故事虽简单，但其中包含了一个很有用的经验，精要主义者们运用它来使执行变得毫不费力。

我们生活的世界无法预知，这是确定的现实。像饥荒这样的极端事件自不待说，意料之外的事情更是比比皆是。谁能知道交通状况是畅通无阻还是拥堵不堪？谁能预知自己要搭乘的航班将会晚点或是被取消？谁能料到自己明天会否在光滑的路面上滑倒摔伤手腕？同理，在公司里，我们无法预先知道供应商会迟到，同事会出错，或者客户会在最后一刻变卦等。无法预料却是我们唯一可以预料的（确定无疑）。既然如此，我们要么坐等这样的时刻到来然后对此做出反应；要么提前准备，设置缓冲，未雨绸缪。

“缓冲”字面上的解释是用以避免两物接触以免相互伤害的事物。例如，在受保护区域的外缘设立的缓冲区，就是辟出一块区域作为额外空间，将保护区和任何可能侵入其中的潜在威胁隔离开来。

有一次，我试图向我的孩子解释缓冲的概念。当时，我们一起坐在车里，我试着用游戏的方法来解释它的意思。我让他们想象一下，我们要一口气开5公里直奔目的地，中途一次都不停。孩子们立刻感受到了挑战重重。我们无法预测前方会遭遇什么，周边会发生什么，不知道绿灯会亮多久，前面的车辆会不会突然转弯或者紧急刹车。要避免发生碰撞，唯一的方法就是与前车保持距离。这个车距就是缓冲。如果别的车突然移动，这个缓冲就让我们有时间做出反应和调整，从而避免猛然停止或发动引发摩擦。

同样，**在工作和生活中只要留一个缓冲，我们就可以减少执行必要任务时的阻力。**

在和孩子们玩汽车“游戏”时，他们注意到了当我因为说说笑笑而一心两用时，就会把保留缓冲区这回事抛到脑后，而与前车靠得太近。这样一来，我就不得不在最后一刻做出一些“不自然”的举动，比如突然转向或猛踩刹车来调整距离。在生活中，如果不重视和保留缓冲，那么同样的事情也会发生。我们忙忙碌碌，无法凝神聚力，不知不觉任务期限到了，该做重要报告了——不管我们在其中额外花了多少时间；结果，却只能被迫无奈在最后一刻“转向”或者“紧急刹车”。化学知识让我们懂得气体会扩散并充满其所在的整个空间，同样，我们都体会到了项目和任务也是扩散型的，哪怕我们尽了最大努力，它们也会用完所有分配到的时间。

想想这样的事情在你参加过的报告、会议和研讨会中是多么频繁。你是不是经常发现有人要在很短的时间内讲完很多张幻灯片？你参加过的会议里是不是有好多都让你感到主讲人突然中断了一个有意思的谈话，因为他必须把准备好的所有内容都讲完？这样的情形我见过太多了，它甚至俨然成为一种默认模式。因此，当我与一位有着不同理念的主讲人一起工作时，真的有一种挣脱牢笼的感觉。他当时正在策划一场为时 4 个小时的研讨会。通常，会议的最后 10 分钟被用于提问和评论，但他却建议留出整整一个小时。对此，他的解释是：“我喜欢留出充足的时间，以防意外。”最开始时，他的意见没有被采纳，因为大家觉得这太没有必要了，并要求他按惯例讲。果不其然，讲课超出了预定的时间，这位主讲人只好仓促讲完剩余的内容。于是，后来的课程就按照他的意见调整为留出一个小时进行提问和评论。这下事情就进展得如他所愿了，因为这一次他设置了缓冲。现在，课程可以按时结束，主讲人可以专心讲课而不用紧赶慢赶了。

我认识一位母亲，她在准备与家人度假的过程中学到了相似的道理。以前，当他们要度假的时候，她总是直到临行前一晚才打包。这样一来，她就难免会熬夜，泄气，睡眠不足，甚至需要通宵达旦才能完成，而且还容易缺这少那，导致出发延迟，甚至必须通过匆忙赶路来弥补。但是这一次，这位母亲提前一周就开始打包。头一天晚上，她确认车上装满了东西，这样次日早上她只要把孩子们叫醒，招呼所有人上车就大功告成了。这个办法非常有效。他们晚上美美地睡了一觉，第二天早早就出发上路，东西都带齐了，就算遇上堵车也不用着急，因为他们已经为此留出了富余的时间。结果，他们不仅按时到达，而且享受了一个快乐的假期，没有遇上一点磕磕绊绊的情况。

基于最佳情况，考虑最坏可能

非精要主义者往往基于最佳情况来考虑问题。对于这样的人，我们并不陌生（我们中间的大多数人，包括我自己在内，都曾是这样的人），他们会习惯性地低估一件事情所需的时间：“这只要 5 分钟就行”，或者“周五前我就能完成这项工作”，或者“一年足以完成我的巨作”。可是，这些事情却难免需要更多的时间，不是有这样那样的意外情况发生，就是任务比预想的更复杂，或是从一开始就过于乐观地估计了形势。一旦出现这样的情况，他们就只好疲于应付，自食其果。要么通宵熬夜加班加点；要么偷工减料走捷径，只交个半成品，或者更糟——根本就干不了；要么就干脆把烂摊子甩给其他同事。不管用哪种方法来对付，他们都无法以自己的最高水准来执行任务。

精要主义者的做法就迥然不同。他们高瞻远瞩，他们规划安排，他们筹备应急，他们预料意外，他们为无法预知之事置备缓冲，以便意外情况不可避免地发生时，自己能有回转腾挪的余地。

非精要主义者若得到一笔意外之财，往往会消耗挥霍，而不是为穷日子积蓄储备。这种情况在有些国家找到石油后采取的行动中可见一斑。1980 年，英国发现了北海油田，政府税收突发横财，10 年之内收入高达 1 660 亿英镑（合 2 500 亿美元）之多。围绕这笔横财该怎么花，人们进行了激烈的争论。然而，不管怎么争论，这笔钱到底还是花了。英国政府没有为意想不到的灾害（比如，事后才知一场大萧条正在逼近）设立基金，而是把这些钱另作他用。

与此不同的是，精要主义者倾向于未雨绸缪，以便有备无患。挪威也曾从石油税收中获利巨大，但不同于英国所为，挪威政府把这笔巨额收益中的大部分投资于一项基金。现在，这项基金的价值已经增长到了 7 200 亿美元之巨，是全球最大的主权财富基金，能为将来未知的情势提供缓冲。

现如今，人们的生活节奏越来越快，快得就像以 160 公里时速行驶在距离前车仅 2.5 厘米之遥的马路上。倘若前车做出意想不到的举动，哪怕是最最微小的，比如减一点点速，或者转一个极小的弯，都会造成严重的追尾，因此，不能有一丝一毫的闪失，而这样导致的结果就是，事情执行起来变得压力重重，令人沮丧万分。

设置缓冲区的三个窍门

下面是一些小窍门，告诉你如何通过设置缓冲来使工作步入正轨，保持头脑理智清醒。

1. 做完善的准备

我在斯坦福大学读研究生时，发现完善的准备是取得高分的关键。每次一拿到课程大纲，我就会复印几份，和整个学期的校历粘在一起。在还未开始上课前，我就知道了有哪些重要的研究课题，并立马开始动手准备。这样的准备减轻了整个学期的压力，因为知道自己有充足的时间来完成所有作业，就算工作量突然增加，或者家里有点儿急事而不得不缺几次课，或者有其他意外情况出现，也不会造成太大影响。

罗尔德·阿蒙森（Roald Amundsen）和罗伯特·法尔肯·斯科特（Robert Falcon Scott）二人比赛看谁能成为现代人类史上到达南极点的第一人的故事，显示了做最全面、最充分的准备是多么重要。两个人目标相同，但做法却迥异。阿蒙森为所有容易出错的环节做好了一切准备，但斯科特却对一切抱乐观的态度。斯科特为这次探险只带了一支温度计，所以当那支温度计打破时，他忍不住怒气冲天，而阿蒙森带了 4 只温度计上路。斯科特为他的 17 人团队储备了 1 吨食物，而阿蒙森准备的食物是他的 3 倍之多。斯科特把返程的补给物资贮藏在一个地方，上面只插了一面旗子作为标记，这意味着如果他哪怕有一丁点儿偏离线路，他的团队就可能找不到补给了。与他形成鲜明对照的是，阿蒙森做了 20 个标记，相距数公里远，以确保其团队一定能够看到。罗尔德·阿蒙森为这次行程做了煞费苦心的准备，并且查阅了大量资料，但罗伯特·法尔肯·斯科特的准备工作却少得可怜。

阿蒙森在制订计划时全面考虑了挫折和缓冲，但斯科特却只期盼理想的状况。当斯科特的队员们疲惫不堪、饥寒交迫之时，阿蒙森的队伍却很顺利地行进着。最后，阿蒙森成功地抵达了南极点，而斯科特和他的队友们却惨死于途中。

完善准备的重要性同样也显现在商业活动中。实际上，这个例子已被吉姆·柯林斯和莫滕·汉森（Morten Hansen）用来说明为何有的公司能在极端困难的情况下逆风飞扬，而其他公司却不能。这两位作者从 20 400 家公司里筛选出 7 家，他们发现那些最成功的公司在预测未来方面并不比那些不那么成功的公司高明多少。相反，它们承认自己无法预测意外情况，因此事先做好了更充分的准备。

2. 比预计时间多留 50%

我认识一个人，她总以为自己到商店只要 5 分钟就行，因为她有一回真的只用 5 分钟就到了那里。但实际上，没有 10~15 分钟根本就不够。这件事本身没什么大不了的，但不幸的是，她对于生活中的绝大多数事情都是这么估计的。结果，迟到便成了家常便饭。更糟糕的是，她总是处于压力之下，这让她感到内疚不已。在这样一种循环之中生活久了，她甚至都意识不到自己正处于一种常态化的压力之下。这种状况还影响了她的健康。然而，她依旧固执己见，认为只要 5 分钟就能到达商店，只要半小时就能完成电话会议，一星期就能写完重要报告，或者任何其他事情她都可以完成——这些她的确偶尔可以做到。但是这让她和她周围的人付出了很大代价。其实她只需要准备一些缓冲，就可以把那些仓促完成的事情做得更好。

你是否也曾低估过完成任务所需的时间？如果是，那么你就和很多人同病相怜了。这种现象被称作**“规划谬误”（Planning Fallacy）。这一术语由丹尼尔・卡尼曼于 1979 年提出，它指的是人们倾向于低估任务完成所需的时间，即便是在以前已经承担过相同任务的情况下也是如此**。在一项研究中，37 名学生被问到他们认为自己需要多长时间才能完成毕业论文。当这些学生被要求在“一切尽可能顺利”的前提下估计论文完成时间时，他们的平均估算值是 27.4 天。而当他们被问到如果“一切情况糟得不能再糟”，那么完成论文需要多长时间时，他们的平均估算值是 48.6 天。最后，这些学生实际完成毕业论文的时间平均为 55.5 天，只有 30% 的学生在他们估算的时间里完成了任务。令人不解的是，人们一方面承认自己有低估的倾向，但与此同时又总是相信自己当前所做的估计是准确的。

在关于人们为何会低估任务完成时间的诸多解释中，我认为“社会压力说”是最有意思的一种。一项研究发现，如果人们以匿名的方式估计任务完成所需的时间，那么他们就不会对规划谬误感到愧疚。这意味着，通常我们实际上知道自己无法在给定的期限里完成任务，但我们不愿向别人承认。

不管原因如何，结果都无外乎当我们做到时往往已经晚于自己预先所说的时间：开会迟到，工作迟交，账单迟结，等等。这样，本来可以顺利完成的任务，执行起来却变得阻力重重，令人沮丧不已。

要避免出现这样的情况，方法很简单，只需在我们估算的任务或项目完成所需的时间上加 50% 的缓冲量即可（如果觉得 50% 的缓冲量太过奢侈，那就想想实际完成时间比预计时间多 50% 的情况是多么常见吧）。如果你为一个电话会议留了一小时的时间，那么就再额外增加 30 分钟吧。如果你估计带儿子去参加足球训练需要 10 分钟，那么就在练习开始前 15 分钟离开家吧。这样做不仅有助于缓解担心自己会迟到时感受到的压力（想象一下，如果我们时间充裕，那么堵车时就大可不必着急心慌），而且如果发现任务比预想的完成得更快、更轻松（不过对于绝大多数人来说这种事情发生的概率很小），那么这多出来的时间就让人感觉像是得了一笔奖金一样。

3. 做好情景规划

沃顿商学院风险管理和决策流程中心（The Risk Management and Decision Processes Center at Wharton）主任艾万·米歇尔-克嘉（Erwann Michel-Kerjan）提出，每一个人，上至国家元首，都应该建立风险管理策略。比如，他曾与世界银行合作寻找世界上抗冲击能力最弱的国家，结果发现在 85 个国家里排名第 58 位的摩洛哥建立了应对风险领域的行动计划。

在与一些国家政府合作建立风险管理策略的过程中，艾万建议他们从 5 个问题开始：

①我们面临的风险是什么，在哪里？

②哪类财产和群体将暴露于风险之中，暴露程度有多大？

③它们有多易受风险攻击？

④这些风险将给个人、企业和政府预算造成何种财务负担？

⑤如何做最优投资以降低风险并增强经济、社会应变能力？

我们也可以将上述 5 个问题运用到我们自己建立缓冲的尝试中。想好自己要在工作和家庭中完成的最重要的任务是什么，然后问下面这 5 个问题：

①在这个任务中你面临的风险是什么？

②最糟糕的情形是什么样的？

③它将产生什么样的社会影响？

④它将在财务方面造成什么样的影响？

⑤怎样做最优投资以降低风险并增强财务和社会应变能力？

你对关键性的第 5 个问题的回答将会引导你去建立缓冲，来保护自己免受未知事件的影响——或许是增加 20% 的项目预算，或许是找一名公关人员来应对可能出现的负面报道，或许是召开一次董事会会议应付股东期望。

我们永远无法预测所有情形和所有可能性，并做好万全准备，未来实在是太难预测。精要主义者对于这样的现实不是采取回避的态度，而是通过建立缓冲来减少意外事件带来的摩擦。

精要 TIPS

- 作完善的准备。
- 比预计时间多留 50%。
- 做好情景规划。

CHAPTER 15

SUBTRACT

Bring Forth More by Removing Obstacles

要素十二

扫除，锁定你的“最慢行进者”

为学日益，为道日损。

——老子

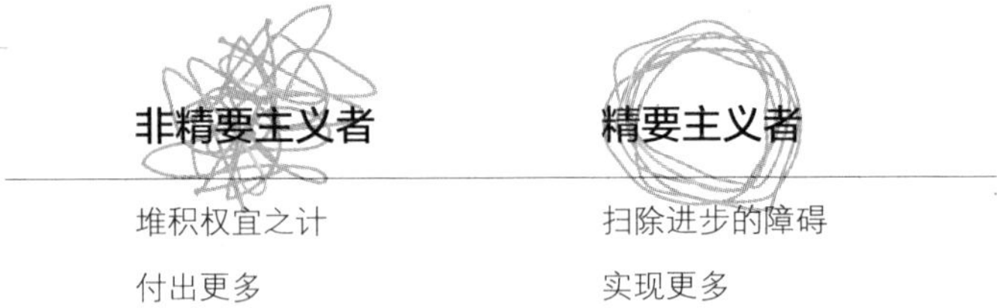
非精要主义者
堆积权宜之计
付出更多
精要主义者
扫除进步的障碍
实现更多

在商业小说《目标》（*The Goal*）中，三个月内要把小工厂扭亏为盈的任务压得主人公艾利克斯·罗格（Alex Rogo）喘不过气来。刚开始的时候，他看不到一丝可能性。后来，一位教授指导他说，只要他能找到这家工厂的"瓶颈"在哪儿，就能在短时间内创造不可思议的进步。所谓的瓶颈，他知道就是那些阻碍整个体系运转前进的障碍。教授告诉他，就算他对厂里其他各个方面都做出改进，只要不能破除这些瓶颈，工厂就很难有实质性的起色。

在努力弄清楚这些话的含义的时候，他和他的儿子及一帮朋友进行了一次徒步旅行。作为童子军领袖，他负责在太阳下山之前，把所有男孩子都带到营地。但是，所有参加过这种旅行的人都知道，让一群小男孩都以同样的速度行进并不掉队，这实际上是很难的。艾利克斯很快就碰上了一个问题：有些童子军走得很快，而另一些却走得很慢。特别是一个叫赫比的小男孩，走得最慢。结果，走在队伍最前面的男孩和落伍的赫比之间，距离相差好几公里。

为了解决这个问题，起初艾利克斯用的办法是让走在前面的那些人停下来，等等落后的人。这办法让队伍在短时间内聚了起来，但是一旦又开始前行，同样的差距就再次形成。

因此，艾利克斯决定换一种方法。他把赫比放在这组人的前面，把其他孩子按速度进行排列：从最慢到最快。虽然，把走得最快的人放在队伍的最后面是违反常理的做法，但是这么做能让这群人开始以整齐划一的队列行进。每个男孩都可以跟上自己前面的那个男孩。这种方法的好处在于，他马上可以看到整个队伍的情况，男孩子们可以安全、同时到达营地。不利之处在于，这个队伍现在是以赫比的速度在前进，因此他们将会晚到。那么，艾利克斯该怎么办呢？

他找到的对策是，想尽一切办法为赫比减负。因为走得最慢的小孩恰恰在队伍的最前面，如果赫比每小时都能走快一米，整个队伍就能以同样的增速更快地到达营地。

这个发现对艾利克斯来说意义重大。赫比的任何一点加速，哪怕极其微小，也会对整个队伍的行进速度产生立竿见影的效果。因此，他把赫比背包里的东西（他随身带的多余的食物和用品）都拿了出来，并分给了队里的其他人。这种方法马上奏效，队伍行进速度立刻加快。他们最后提前到达了营地。

仿佛从中顿悟，艾利克斯明白了如何运用这种方法来让自己的工厂扭亏为盈。他不再费力地去改进厂里的一切状况，而是找出其中的“赫比”：工厂运行程序中较之其他部分更慢的那个部分。为了找到这个“赫比”，他找出了材料堆积最多的那台机器，并想方设法提高它的效率。这还反过来促进了倒数第二个“最慢行进者”提高效率。依此类推，整个工厂的生产效率都得到了提高。

谁是你的“赫比”

你工作或生活中“最慢的行进者”是什么？阻碍你取得重要成就的障碍是什么？通过系统定位并移除这个“掣肘”，你将大大减小阻碍你执行重要事务的摩擦力。

但是它并不能随随便便实现。仅仅是漫无目的地找到一些需要改进之处，最多只能实现一些无关紧要的、短期的改善，最差的结果，还可能是让你在不重要事务上耗费时间和精力。但是，如果你真的想提升系统整体的运行效果，不管这个系统是生产程序，部门工作流程，或是日常生活中的常规性事务，你都需要找出这个“最慢行进者”。

非精要主义者在执行的时候，总是被动应战，率性而为。因为，他们总是在遭遇危机后才被动反应，而不是提前预测危机，所以就不得不采取应急之计——相当于把手指插进堤坝的漏洞，幻想整个大坝不会坍塌。由于擅长使用锤子，非精要主义者认为一切都是钉子。这样，他们用的力气越来越大，但结果却导致了更大的阻力和更多的挫折。的确，有些情况下，你给人的压力越大，他或她的反抗力也就越大。

精要主义者不会默认权宜之计。显而易见的和眼前的障碍不是他们的目标，他们关心的是那些延缓前进步伐的阻力。他们会问：“重要事务实现道路上的拦路虎是什么？”非精要主义者埋头于与日俱增的压力和堆积如山的解决方案，而精要主义者却以一次性投资来解除障碍。这种方法的意义不仅仅在于解决问题，而且也有助于让你以更少的付出达到效益最大化的目的。

三步扫除“最慢行进者”

亚里士多德谈到过三种形式的工作，但在现代社会中，我们倾向于只强调两种。第一种是理论性工作，其终极目标是探求真理；第二种是实践性工作，其目的是行动。但还有第三种：创制性工作（Poietical Work）。哲学家马丁·海德格尔（Martin Heidegger）将创制描述为“展现”（Bringingforth）。这第三种类型的工作就是精要执行方式。

人们很少花时间认真考虑什么样的努力会产生成效，什么样的不会。但就算我们认真考虑了，也很容易认为执行意味着加法而不是减法。如果我们想要出售更多的产品，那么我们会增加销售人员。如果我们想要生产更多的产品，那么我们就会扩大生产。这种方法可以找到清晰的证据支持。然而，要改善效果，还有其他思路可循。**精要主义者不关注需要增加哪些精力和资源，而是关注哪些限制和障碍需要连根拔起。**那么，他们是怎么做的呢？

1. 弄清核心目标

只有弄清了要达到的结果是什么，我们才能知道应该扫除的障碍是什么。如果不知道自己真正想要实现什么，所有的改变都是武断妄为。因此，不如问问自己：“如何知道自己已经成功了？”在本章，让我们假定你的目标是，在本周四下午2点之前，准备好一份15页的报告草案，并用电子邮件发给客户。注意：这结果非常精确，一点儿都不含糊。

2. 锁定障碍

不要仓促上马，三思而后行。问问自己：“在我完成任务的道路上有哪些障碍？”“是什么阻碍着我完成任务？”把这些障碍列一个清单。它们可能包括：缺乏必要的信息、精力不足、追求完美。“哪一个障碍扫除之后，其余的障碍会立刻消失？”根据这个问题，来给所有的障碍排列优先顺序。

在锁定你的“最慢行进者”时，需要记住的关键一点是：即便是一些“有成效的”事情，比如为了获取信息而进行研究或者给别人发电子邮件，或是修改报告以求第一稿就达到完美，这些都可能是障碍。记住，要达成的目标是完成报告的草案。任何延缓此目标执行的活动都是值得怀疑的。

妨碍重要目标实现的障碍多种多样。然而，在任何一个特定的时间，有且只有一个头等要事，如果主要障碍岿然不动的话，盲目扫除障碍不会产生任何效果。以我们的任务为例，如果获取信息是你的主要障碍，你可以雇人替你做些研究，但前述报告的起草依然没有获得进展。因此，正如艾利克斯最先修理了效率最低的那台机器，紧接着修理效率倒数第二低的那台，然后依此类推一样，不要试图一下子修好所有的机器，我们也应该一个一个地消除障碍物。

3. 扫除障碍

如果你的“最慢行进者”是你追求报告的完美性，你有很多很多的想法能让报告更完善，但是在现在的情况下，你的核心目标是交上初稿。因此，要扫除障碍，你必须考虑**“完成比完美更重要”**，忘记“这报告必须完美”。允许自己不用对第一稿进行润色。主要障碍一扫除，这项工作的任何其他方面都会变得更容易。

“最慢行进者”甚至还可能是一个人——不管是在一个项目上给你开绿

An Essentialist
produces more
——brings forth
more——
by removing
more instead
of doing more.

精要主义者产出更多
——展现更多
——其方法是扫除更多，
而不是做得更多

灯的老板，还是不批准预算的财务部门，抑或是一个不愿在签字栏里签字的客户。为了减少与他人的摩擦，你要采用“用蜂蜜捕捉更多苍蝇”的办法。给他发一封电子邮件，但不要问他是否已经为你做了 × 事（很显然，他没有做），而是去看看他，问问他：“你在做 × 事的时候碰到了什么障碍和困难，我该怎么帮你扫除这些障碍？”不要纠缠别人，而是要真诚地提供支持。这样做，你会比只发一封邮件然后提一个要求，得到更加热情的回复。

我的孩子们还很小的时候，我正在读研究生，我妻子被每天从早到晚照看孩子的种种要求折磨得精疲力竭，她真的不知道该怎么办。当时，我正在读关于约束理论（The Theory of Constraint）的书，所以对此特别在意。当我们运用上述步骤时，发现制约我妻子为孩子成长做出最大贡献的主要障碍在于，她没有时间去计划、思考和锻炼。毕竟，要带三个很小的孩子，她几乎不可能有不被打搅的时间。因此，我们努力去终结这个障碍。我放弃了很多课外活动，晚上待在家里。我们还找了人，一周来照看孩子几个小时。这样一来，当我们和孩子们待在一起的时候，就能更加全身心地投入。换句话说，我们俩虽然做得少，但收效却很好。

扫除障碍并不一定困难重重，也不需要超人般的努力。相反，我们可以从小处开始。就像移走山顶上的一块卵石，只需轻轻一推，动量就自然产生了。

精要 TIPS

- 弄清核心目标，确定扫除的障碍是什么。
- 锁定障碍，但不要试图一下子扫除所有障碍。
- 扫除障碍，从小处开始。

CHAPTER 16

PROGRESS

The Power of Small Wins

要素十三

进步，小胜的价值

每天都做一点接近美好未来的事。

——道格 · 法尔博

非精要主义者

大处着手，收获甚微

追求华而不实的结果

精要主义者

小处着手，成果巨大

为小胜喝彩

想想最近一次你在开车时，被警察示意靠边停车的事。你当时是否心里纳闷过：“这是一张好单子，还是一张坏单子？”显然不大可能。因为每个人都知道，通知单是坏的，不是吗？但是，加拿大里士满警局一个富有创见的警察认为，这种观念应该被颠覆。

打击犯罪有非常明确的办法：制定新的、更加严酷的法律，实施更重的量刑，采取零容忍手段。换句话说，就是做更多我们已经做的——仅仅是更加强有力而已。多年来，里士满警察局就是默守着这些在所有地方的警务管理系统中核心的、长期存在的成规，同时也承受着典型的后果：高达65%的累犯率和呈螺旋式上升的青少年犯罪率。这种情况始终存在着，直到沃德·克拉彭（Ward Clapham），一个年轻的、具有前瞻思维的新长官出现并挑战它们。他提出了质疑：为什么我们所有的警务工作都必须如此的被动、消极并且滞后于现实？如果我们不把精力仅仅集中在犯罪行为实施之后的犯人抓捕和进行更严酷的处罚上，而是用大量的资源和精力，将犯罪行为扼杀于其发生之前，那将产生什么样的结果？引用一句前英国首相托尼·布莱尔（Tony Blair）的话来说，如果我们不仅对罪行强硬，而且对犯罪的原因也持强硬态度，那会如何？

就在这些问题之中，孕育出了“发放肯定票”的新颖想法。运用这种方法，警务人员不是专注于抓捕实施犯罪行为的年轻人，而是寻找做好事的年轻人，这些好事可以小到把垃圾丢到垃圾桶里而不随地乱扔，骑车时佩戴头盔，在指定地点滑滑板，或者按时到校等。通过给这些年轻人发肯定票来表扬这些积极行为。这种票当然不像违章停车罚单那样是用来处罚的，而是可以换成一些小小的奖励，比如免费观看电影或免费参加当地青少年中心的活动，这些健康有益的活动同时也具有防止年轻人在街上无所事事从而滋生事端的积极效果。

那么，里士满的这种非常规的方法对重新规划警务工作的作用如何？结果证明，效果好得令人惊讶。虽然没有产生立竿见影的效果，但是他们把这种方法当作长期战略来实施，十年以后，肯定票制度把累犯率从 60% 降到了 8%。

人们可能想象不到，在警察局这样的地方，也可以找到精要主义的用武之地，但实际上沃德创立的肯定票制度为轻松执行提供了重要的借鉴。

非精要主义者采用的方法不外乎是把一切都做大：什么都要做，什么都要得到，什么都要搞定。非精要主义遵循着错误的逻辑：努力越多，成就越大，但现实是，天上的星星我们越是伸手去够，就越难让自己离开地面。

精要主义者则采用截然不同的方法。他们不会贪多求全，急于求成，平均用力，而是从小处着手，庆祝进步。他们摒弃好高骛远，鄙视华而不实，努力追求在重要领域中的每一个微小而平实的进步。

通过捕捉并奖励这些获得“小胜”的人们，沃德的方法让人们看到了鼓舞进步所具有的力量。这里曾经发生过一个感人的故事。有个男孩子救了一位险些被车撞到的姑娘，警官把他拉到路边，给了他一张肯定票，并对他说：“你今天干了一件伟大的事情，你将来一定会有所作为。”这个男孩回家后，把这张肯定票贴到了墙上。几个星期以后，他的养母问他是否打算把这张票兑现奖励。令她吃惊的是，那男孩说，他永远不会。因为一名成年人告诉过他，他可以出人头地，这比免费吃顿比萨和打场保龄球有价值多了。

这种积极互动以每年 4 万次的规模增长，并持续了 10 年，这样你就能认识到为什么它可以创造不同了。每一次，当年轻人因为做了好事而得到肯定和称赞时，他就会有更大的动力去坚持做好事。久而久之，做好事就习惯成自然，做起来毫不费力了。

斯坦福监狱实验与英雄想象工程

人们常常觉得，要有所改变，就得从某件宏伟的大事开始。就像我认识的一个经理人，他大张旗鼓地宣布自己要给女儿们建造一个精巧的玩具屋，可是后来，由于目标过于庞大和浮夸，他不得不放弃了这个不能承受的重负。在这个问题上，人们常常被一种逻辑所迷惑：要干大事，就必须从大处着手。然而，想想企业里所有那些“庞大的”、激动人心的壮举，最后还不是像那位经理人的玩具屋计划一样，没有任何成效。

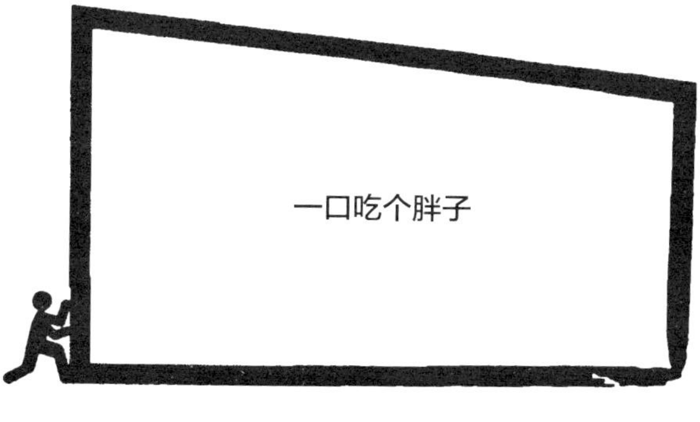

研究表明，在所有形式的人类动机中，最有效的莫过于进步。为什么？因为一个小小的但却实实在在的胜利能

一步一个台阶

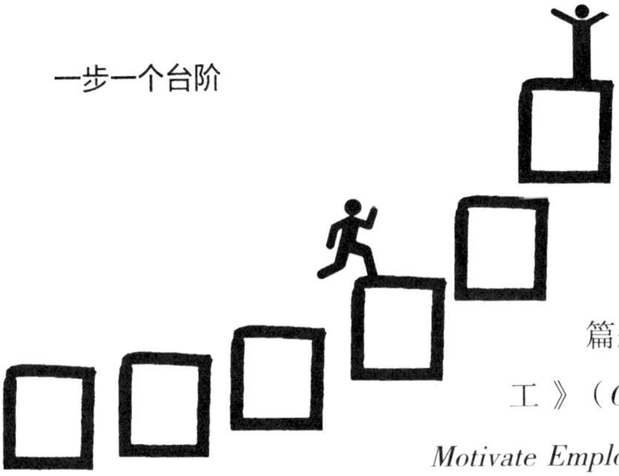

够创造推动力，并让人们对自己未来的成功持肯定的信念。1968 年，弗雷德里克·赫茨伯格（Frederick Herzberg）在《哈佛商业评论》上发表了一篇题为《再论如何激励你的员工》（*One More Time: How Do You Motivate Employees?*）的文章，此文是《哈佛商业评论》史上最受欢迎的文章。在文中，赫茨伯格写到，研究显示，**成就和对成就的认可，是人类行为的两大主要内在驱动力。**特丽萨·阿马比尔（Teresa Amabile）和史蒂文·克莱默（Steven Kramer）收集了数百人的数千条不具名日记条目，日记描述了这些人工作日的状态。根据这成千上万的回忆，阿马比尔和克莱默得出结论，**"每天的进步——哪怕只是小小的一点进步"，都可以对人们的感受和表现产生巨大的正面影响。"在所有有助于提升工作日的情绪、动机和认知的激励物中，最重要的莫过于取得有意义的进步。"**

不要再从大处着手，除了浪费时间和精力，一无所获。**要真正做好重要的事情，必须从小处着手，创造动力。然后，运用这种动力创造下一个胜利，再下一个，长此以往，直至取得重大突破。**如果这样做，我们就能毫无阻力、毫不费力地取得进步，突破性进展就仿佛在一夜之间降临。曾任斯坦福大学教授的教育学家亨利·艾林（Henry B. Eyring）这样写道："经验告诉我，个人和组织是这样完善的，最佳着眼之处，莫过于那些微小的改变，它们就发生在我们常做的事情上。持之以恒和不断重复是力量之源。"

To really get
essential things done
we need to start
small and build
momentum.

要真正做好重要的事，
必须从小处着手，
创造动力。

有一回，在和美国心理协会前主席菲利普·津巴多（Philip Zimbardo）[①]博士共进午餐时，我了解到他是著名的斯坦福监狱实验的策划人。1971年夏，津巴多请了一群健康的斯坦福大学学生参加实验，给他们随机分配了“狱警”和“犯人”的角色，然后把他们关进在斯坦福大学地下室临时搭建的“监狱”里。没过几天，这些“犯人”开始表现出抑郁和极度紧张的症状，而“狱警”则变得残酷无情和虐待成性（出于显而易见的原因，实验提前结束）。这其中的问题在于，被人当作犯人和狱警来对待，在短短几天就产生了一种动力，它激励着主体要表现得像犯人和狱警那样。

斯坦福监狱实验颇具传奇色彩，阐述其内涵的著述也颇丰。但令我感到好奇的是：如果仅仅以特定方式对待这些斯坦福学生就能产生影响，让他们逐步采取这些负面的行为，那么同样的情况是否也能为更加积极的行为所用?

的确，现在津巴多正在借鉴这种思路尝试一种大型的社会实验“英雄想象工程”。这项工程的运作逻辑是通过灌输英雄主义原则，增加人们做出勇敢行为的可能性。津巴多相信，通过鼓励和奖励英雄行为，我们可以有意识地精心创立一种制度，让英雄行为最终变得水到渠成、轻而易举。

鼓励小胜的三个技巧

我们可以选择。我们既可以下功夫建设一种制度，让执行精要之事不费力气，也可以听命于一种制度，哪怕它实际上只会让执行要事变得困难重重。沃德的肯定票制度属于前者，它取得了很好的效果。在为人生设计制度的时

---

① 当代著名心理学家，斯坦福大学心理学教授，《纽约时报》畅销书作家，其中由湛庐文化策划出品的《津巴多普通心理学》已成为最畅销的心理学教材。——编者注

候，我们也可以将同样的原则运用到自己所面临的选择中去。

我和妻子安娜试着在我们的子女教育机制中运用这样的理念。我们曾一度很担心家里的屏幕时间究竟多到了什么样的程度。在对电视、电脑、平板电脑和智能手机的轮番使用中，孩子们的时间就这样轻易浪费在了意义不大的娱乐活动中。我们试图改变他们的习惯，但是正如你能想象到的那样，我们遇到了阻力。不管什么时候，我们要关电视或者想要限制他们的屏幕时间，孩子们总是抱怨不休。作为父母，我们必须有意识地管理这种状况。这让我们不得不放下重要的事情。

因此，我们采用了一种代币制度。每周一开始，孩子们可以领到 10 个代币。每个代币可以换 30 分钟的屏幕时间，或者在周末的时候换 50 美分，总共加起来是每周 5 美元或者 5 个小时的屏幕时间。如果哪个孩子读书 30 分钟，他或她就可以赚到一个额外的代币，也可以换成屏幕时间或者钱。结果简直不可思议：一夜之间，屏幕时间下降了 90%，读书时间上升了同样的百分比，而且我们必须投入到管理中的努力越来越少。也就是说，不重要的活动显著减少，而有意义的活动显著增加。当初只不过投入了一点点努力来建设一种机制，而现在它顺利无阻地发挥着效用。

在家里和在工作中，我们都可以建立这样的机制。关键在于，要从小处着手，鼓励进步，庆祝小胜。以下是一些技巧。

1. 关注最低可行性进步

在硅谷流行着“完成比完美更重要”的理念。这并不是让大家去制造垃圾。其中的思想，在我看来就是不要在不重要的事情上虚掷光阴，而是要把事情做成。在企业界，这种想法被表述为创造一种“最低可行性产品”（Minimal Viable Product）。它指的是：“对目标客户有用且有价值的尽可能简单的产品是什么？”

同样，我们也可以采取“最低可行性进步”（Minimal Viable Progress）的方法。问问自己：“对于我们努力要完成的重要任务，有用且有价值的最小进步是什么？”我在本书的写作中就采用了这种方法。比如，当我还在探索阶段的时候，在动笔（或敲打键盘）之前，我会在Twitter上面分享一个小小的想法（我的最低可行性产品）。如果能够在那上面引起共鸣，我就会给《哈佛商业评论》写一篇博客文章。通过这种只需要花费很少精力的迭代过程，我能够知道应该在什么地方搭建一座桥梁，让自己所思考的事情和同别人生活最相关的事情之间建立起联系。

皮克斯动画工作室把这个方法用在了他们的电影中。这些电影的创作不是开始于脚本，而是开始于情节串联图板，或者叫作连环漫画版电影。他们尝试各种想法，并观察哪些有效，在小范围内进行数百次实验。然后，做出一个影片放映给小规模人群看，以便提前获得反馈。这样，他们就可以用尽可能少的投入，获得尽可能快的长进。皮克斯动画工作室的首席创意官、迪士尼幻想工程的首席创意顾问约翰·拉塞特（John Lasseter）说：“实际上，我们不是在完成电影，而是在发行电影。”

2. 做最低可行性准备

应对一个重要目标或一个最后期限，有两种截然对立的方法。一种是早动手，小步前进；另一种是晚动手，一日千里。“晚而大”意味着要在最后一刻完成全部，通宵加班，把它做完。“早而小”意味着以尽可能少的时间投入，尽可能早地开始。

你只要在一个项目或任务到期前两周仅仅投入 10 分钟时间，就不用在最后时刻花大把时间焦头烂额地仓促赶工了。有了目标或者期限，就问问自己：“我此刻能够做的最低可行性准备是什么？”

有一位领导者，他非常善于发表激动人心的演说。他解释说自己的秘诀就是在演说的 6 个月前就开始为这些鸿篇阔论做准备。不是准备整个讲稿，只是开始而已。如果未来几个星期或几个月内你有一个重大报告要做，那么你现在就打开文件，花 4 分钟时间，想到什么就写什么。然后，关闭文件。不要超过 4 分钟。开始就够了。

一位在纽约的同事有一种很简单的方法：任何时候她安排了会议或者有电话要打，就会很精确地花 15 秒钟备忘一下那个会议的主题。这样在开会那天早上，当她坐下来准备发言要点的时候，可以参考这个备忘录。她不需要规划整个会议的议程，只要花几秒钟提前准备，就会大有收益。

3. 直观地嘉奖进步

你记不记得，在你 5 岁的时候，学校组织了一场募捐活动？你记得那个用来直观地展示学校向目标迈进的大温度计吗？你是否记得，看到温度计一天天上升时，心情多么激动，多么欢欣鼓舞？或者，你的父母给你准备了一个星形图，每次你吃了菠菜，或按时睡觉，或打扫了房间，你就能得到一颗星星，然后很快你就不用什么激励物也在做这些事情了。

直观地看到自己正在朝着目标进步，会产生一种巨大的力量。不管是在家里，还是在单位里，不要不屑于把这样的方法运用到你自己的重要目标上。

相较于设定庞大的、高远的和不现实的目标，从小处着手，奖励进步，才能成就更多。作为一种额外奖励，这种明确地强化成功的行为，能让我们在过程中收获更多的快乐和满足。

精要TIPS

- 关注最低可行性进步。
- 做好最低可行性准备。
- 直观地嘉奖进步。

CHAPTER 17

FLOW

The Genius of Routine

要素十四

心流，常规造就天才

常规，对智者而言，与雄心壮志无异。

——W. H. 奥登

非精要主义者	精要主义者
凭借蛮力执行重要事务	设计一种处理重要事物的常规，让执行毫不费力
让非重要事务成为默认设置	让重要事物处于默认状态

奥运游泳名将迈克尔·菲尔普斯（Michael Phelps）在获得2008年北京奥运会金牌前的几年里，他在每一次比赛中都遵循着同样的常规。提前两小时到达比赛地点，始终按照一套精确的模式做伸展放松运动：800次混合式练习，50次自由式练习，600次扶板打腿练习，400次拉浮标练习，还有一些其他练习。做完热身运动后，他会把身体擦干，戴上耳机，在按摩台上坐下来，不躺下。从那一刻起，他与教练鲍勃·鲍曼（Bob Bowman）不再有任何交谈，直到比赛结束。

比赛开始前的45分钟，他会穿上比赛服。开赛前30分钟，他跳进热身池，游600~800米。只剩10分钟的时候，他会走进准备室，找一个单独的座位，不同任何人挨着。他喜欢让座位两边都空着，这样便可以放自己的东西：一边放护目镜，一边放毛巾。听到他的比赛广播后，他会走到比赛跳台边，一如既往地做两种伸展运动，先直腿，再屈膝，每次都是先活动左腿。然后摘下右边的耳塞。叫到他名字的时候，他会把左边的耳塞也摘下来，踏上跳台，每次都是从左边上去。他会用毛巾把跳台擦干，每次都是如此。然后，他会站着，用双手拍打后背的方式摆动双臂。

菲尔普斯解释说："这不过是常规。我的常规。它贯穿我的整个人生。

我不想改变它。”教练鲍勃为他设计了这种体能练习常规，但这并不是全部。教练还给菲尔普斯睡觉时和一醒来时想什么也设定了常规，称之为“看视频”。当然，并不是真的有录像带，而是对完美比赛进行一次想象。在精致的细节和缓慢的动作里，菲尔普斯想象着每一个瞬间——从跳台上的起始位置，到每一次划臂，一直到浮出水面，沐浴着胜利，任由水珠从脸上滑落。

这样的精神常规活动，菲尔普斯并不是偶尔才做，而是每天上床睡觉前、每天早上一醒来就做，几年来一贯如此。当鲍勃要在练习中给他增加难度的时候，他就会大喊：“把录像带放好！”然后，菲尔普斯就会挑战自己的极限。最后，这种精神常规已深深植入了菲尔普斯心中，以至于鲍勃在比赛前几乎不需要小声提醒“准备好录像带”，菲尔普斯就已经随时候命“按下播放键”。

在谈及这种常规时，鲍勃说：“如果你要问菲尔普斯，在比赛前脑子里想的是什么，他会告诉你，他其实什么都没想。他只不过是在走这个程序。但这么说也不对，其实是他的习惯在主导着他。当比赛来临时，他的计划已经进行了一半多，每一步都是成功的。像计划的那样做完所有的伸展运动，像脑子里想的那样进行热身，头上戴的耳机里播放的正是他想听的。实际的比赛，不过是他那天早就开始的程序中的一个步骤，除了胜利，还是胜利。它是自然延伸出来的。”

众所周知，菲尔普斯在2008年北京奥运会上获得了创纪录的8枚金牌。在他创下这个辉煌战绩的几年后，我在北京访问时，禁不住好奇，为何菲尔普斯和其他奥运选手，都能看似毫不费力地创造出这些惊人的运动奇迹？当然，相比世界上其他所有的运动员，这些奥运选手练习时间更长，训练得更艰苦，但是当他们跳入泳池，踏上跑道，或者走进溜冰场时，看上去是多么轻松自如。这种自如还不仅仅是艰苦训练的自然延伸，它同时也证明了正确的常规会给人们带来多大的益处。

非精要主义者认为，重要的事情都是被逼着做成的。执行不过是一种很生硬的努力。为了把事情完成，人们埋头苦干，用的是九牛二虎之力。

精要主义者的做法则截然不同。**他们设计一种常规，让自己所认定的精要事务沿着默认的路径实现。当然，在某些情况下，精要主义者仍然需要付出努力，但是由于有了正确的常规，每一分努力都会产生事半功倍的效果。**

让事情变得看似简单

常规，是移除障碍最有力的工具之一。没有常规，人们就被非重要事务牵扯得没有余力。但是，如果我们能够创造一种处理重要事务的常规，执行就如同拥有了自动驾驶仪。这样，重要之事就不用我们有意求之，而是水到渠成，无须思虑。我们也就大可不必日日耗费宝贵的精力，安排何事为先，何事为后。但最开始时我们需要稍费些力气，创造一种常规，接下来就只需遵行即可。

大量的科学研究解释了常规使难事变易的运作机制。一种简单的解释是，当我们重复完成某项任务的时候，神经元，或者神经细胞，会通过名叫“突触”的通信网关建立新的联系。通过重复，联系得到了加强，而且大脑能够更加容易地激活它们。比如，你学一个新单词，就需要时不时地重复几次才能掌握它。以后，你要想起这个词，就必须激活这些突触，直到最终你不用有意识地去想也能知道这个词。

同样的过程也可以用来解释，如果我们每天开车从 A 点到 B 点，最后我们想都不用想就能开到；或者同样的菜烧过几次之后，就不用再看菜谱了；还有，为什么脑力工作会变得一次比一次容易。**在重复中，我们掌握了常规，任务就变成了习惯。**

执行重要事务的能力也是熟能生巧，这就像其他任何能力一样。试想一下，你第一次在工作中履行一种重要的职责。刚开始时，你感觉自己就是个新手，没有自信，笨手笨脚。你把所有的意志力都用在了集中精力上。紧接着，决策疲劳就出现了，你还可能动不动就分心。这些都是再正常不过的现象。然而，一旦你一遍遍地重复履行那种职责，你就会变得自信。你不再会偏离目标。你能更好更快地履行职责而不用那么专注、那么费力了。常规的作用力来自大脑掌控全局的能力，它不断生长，直至成为一个完全无意识的过程。

常规还有另外一种认知优势。一旦脑力活动转入基底神经节，精神空间就得以释放，可以专注于新事物。这让我们能够自动驾驭某项重要事务的执行，并在同一时间积极从事另一项，而关注程度和贡献水平并不会降低。“实际上，大脑活动开始变得越来越少，”《习惯的力量》（*The Power of Habit*）一书的作者查尔斯·杜希格（Charles Duhigg）这样说道，“大脑可以完全停工……这是一个真正的优势，因为它意味着你可以把全部精神活动投入到其他事情上去。”

有些人觉得，常规听起来像创造能力和创新能力的死亡——厌倦的终极表现。人们甚至把它当成乏味和平淡的同义词，就像“这于我而言，不过是例行公事”。当然，**有的常规的确会成为例行公事——那些不正确的常规。但是，正确的常规实际上可以提升创造力和创新性，因为它减少了对精力的占用。我们无须再把有限的自律性用于一次又一次地做同样的决策，只要把**

决策嵌入常规，就可以把这种自律调拨到其他精要事务上去。

米哈里·希斯赞特米哈伊的创造性实验，证实了具有高超创造力的人，是如何运用严格的常规来释放自己头脑的。“绝大多数有创造力的人早就发现了自己的睡眠、饮食和工作的最佳节奏，并严格地遵守，哪怕在做别的很有吸引力的事情时也不例外。”米哈里说道，“他们穿衣注重舒适，与人相处讲究意气相投，只做自己认为重要的事情。当然，这些偏好并不讨那些他们不得不与之打交道的那些人喜欢……但是，个性化的行为模式有助于心灵免受那些需要耗费注意力的各种期待的干扰，并有助于集中精力处理重要事务。”

硅谷最有创造力的一家公司的首席执行官，有一种乍一看枯燥乏味、扼杀创造力的常规。他每周一早上 9 点会召开一个 3 小时的会议，雷打不动，也从不安排在其他时间。这一规定如此具有强制性，以至于在这家全球化的公司里，所有的高管都知道不能安排任何与这个会议相冲突的旅行。这是一条铁律。乍一看，这没什么特别之处。但是，其独特之处在于这个常规会议所产生的高品质的想法。因为，首席执行官把规划会议和决定谁参加或谁不参加会议所需要的智力成本降到了零，与会者能够全身心投入到解决创造性问题中去。而且，他的团队也确实轻松自如地提出了创新、独特的主意和方案。

五招释放正确常规的力量

杜克大学的研究表明，在人们所做的选择中，有 40% 是深度无意识的，我们并不在一般意义上思考它们。这其中，危险和机遇并存。机遇在于，我们可以发展新的才能，它们最终会成为本能；危险之处在于，我们可能会建立一些常规，它们会产生适得其反的效果。如果缺乏充分的意识，我们会深陷于一些非精要的习惯之中——比如每天早上一起床就查看电子邮件，每天在下班回家的路上买个甜甜圈，或者浪费午餐时间在互联网上胡言乱语，而不是利用时间思考、反省、充电或与朋友及同事沟通联络。因此，我们该如何摒弃那些让人受困于非精要习惯的例行事务，代之以让重要事务执行起来毫不费力的常规性活动呢？

1. 彻底检修你的触发器

几乎所有人都有自己想要改变的行为习惯，无论是少吃些垃圾食品，少浪费些光阴，还是少一些烦恼。但当我们努力做的时候，就会发现哪怕是改变一个最最简单、最最微小的习惯，都困难得如此令人惊讶、令人不安。仿佛有一种引力无情地把我们拉回到炸薯条暖洋洋的怀抱中，那个有着傻瓜猫图片的网站上，或者对自己无力把控的事情不断升级的担忧里。怎么才能摆脱这些习惯的巨大牵引力？

在关于杜希格的著作《习惯的力量》的采访中，他表示："在过去的15年中，我们认识到了习惯如何起作用，如何改变我们，科学家们解释了每一个习惯都是由刺激、常规和激励组成。这个刺激就是一个触发器，指示你的大脑进入一种自动模式，以及选择要使用的习惯。然后就是常规活动，即行为本身，它可以是身体的、精神的，或者情绪的活动。最后是激励，它将帮助你的大脑弄清这个习惯是否值得记住。久而久之，这个循环——刺激、常规和激励，将会因为刺激和激励神经性地相互交织而变得更加无意识。"

这就意味着，如果想改变自己的常规，你并不需要真的去改变行为。你需要找到引发非精要活动和行为的刺激事件，并设法让这个刺激事件与确属精要的事情相关联。比如，如果下班回家路上的那家面包店是导致你买甜甜圈的触发器，下一次路过时，你就要让它提醒你去街对面的熟食店买一份沙拉。或者，如果闹钟一响你就会去查看电子邮件，那么就用它来刺激你起床读书。刚开始时，要抵制进面包店或查看邮箱的诱惑的确是困难的。但是，你每次执行新的行为，每次拿起沙拉，都在强化大脑中这种刺激与新行为之间的关联。很快，你将会下意识地、自动地执行新的常规。

2. 创造新的触发器

如果要让行为有新的变化，就不能局限于现有的刺激事件，我们可以创造全新的刺激事件来触发重要常规的执行。我用这种方法培养了写日记的常规习惯，它给我带来了神奇的功效。在很长一段时间里，我不过是三天打鱼，两天晒网地随便写写。一整天都拖着不写，然后到了晚上，我就会给自己找借口明早再写。但是，到了第二天早上我肯定又不会写，拖到晚上就有两天的东西要写，工作量太大了。因此，我再次拖延，就这样一天天地拖下去。后来，我听某人说，他养成了每天在固定时间写下寥寥数行的习惯。这听上去很容易，但我知道自己需要某种刺激物来提醒自己要在每天的特定时间内写作，否则我还是会像以前那样拖延。因此，我开始把日记本放在包里，紧挨着电话。这样一来，每天晚上当我把手机从包里拿出来充电（这个习惯我已经坚持得很好了）时，我就会看到日记本，它会提醒我在上面写东西。现在，写日记已经成了我的一种本能，仿佛自然天生，我甚至还对它心怀期待。我已经坚持写了 10 年，几乎一天都未落过。

3. 先啃最难啃的骨头

雷·津恩（Ray Zinn）是麦克雷尔公司（Micrel）的创始人兼首席执行官，该公司在硅谷经营半导体业务。雷·津恩在很多方面的做法与别人截然相反。他以75岁的高龄，在一个20岁大学辍学生当道的行业和城市里打拼。1978年，他和生意伙伴投资30万美元开办了这家公司，自成立起年年盈利（他们合并两家制造工厂的那一年除外）。上市以后，公司的股价从未跌破发行价。雷·津恩将成功归于他们对盈利高度自律的专注。作为首席执行官，他已领导这家公司达35年之久，在这漫长的35年里，雷·津恩始终如一地遵循着一种极其稳定的常规。他每天早上5:30醒来，周末亦然（他已经坚持了50多年）。然后，他锻炼一小时，7:30吃早饭，8:15到单位。下午6:30与家人共进晚餐，晚上10点睡觉。但是，真正让雷·津恩达到个人贡献峰值的是，他一整天的常规活动遵循一个基本原则：先攻克最难的事情。他告诉我："我们要考虑的事情已经太多了，为什么不建立一种常规来减少一些呢？"

运用上述窍门建立一种常规，让攻克一天中最困难的任务成为每天早上的第一件事情。找到一种刺激物——不管它是出现在写字台上的第一杯橙汁，还是你在手机上定的闹铃，抑或是任何一件你已经习惯一大早就最先做的事情，来触发你坐下来，把精力集中到最难的事情上去。

4. 建立混合型常规

在同一时间做同样的事情，而且天天如此，难免令人感到乏味。为了避免这种常规疲劳，你完全可以给一周的每一天都安排不同的常规。前文提到的Twitter和移动支付公司Square的联合创始人杰克·多西就把自己每周的常规活动安排得有滋有味。他把一周分成几个主题。星期一的主题是开会以及处理公司经营方面的工作。星期二主攻产品开发。星期三致力于营销、传播和发展。星期四关注开发人员和合作伙伴。星期五的主题是公司文化建设。这种常规设计，有助于这家高速成长的新兴公司在面临千头万绪时能够冷静应对，镇定处事。同时，这也让他每天能够集中精力在一个主题上，免得四面开弓，左支右绌。他每周都坚持同样的常规，从不例外，这样时间一长，人们就了解了他的惯例，并能根据这种常规安排各种会议和活动。

5. 陈规陋习逐个击破

如果过分着迷于常规的好处，以至于忍不住要一下子修检和改进多种常规，那将是一种灾难。我们已经从本书前一章学到了，要获得大成效，必须从小处着手。因此，先从对每天或者每周的常规作一个改变开始，从那里开启进步之旅。

我并不是在暗示任何一种小的改变都是轻而易举的。很多非精要的常规活动已经根深蒂固，而且带有情绪因素。它们是由一些强烈情绪熔铸而成的。如果有人认为只要动动手指头，就能改掉它们并代之以新的常规，那就太天真了。学习有意义的新技能，从来都不是一件容易的事情。但是，我们一旦掌握了这些新技能并让它们成为无意识行为，就是一次了不起的成功，因为这些技能会一直陪伴我们度过余生。常规也是如此，一旦建立起来，就会成为永不枯竭的馈赠。

精要TIPS

- 彻底检修你的触发器。
- 创造新的触发器。
- 先啃最难啃的骨头。
- 建立混合型常规。
- 陈规陋习逐个击破。

CHAPTER 18

FOCUS

What's Important Now?

要素十五

专注，当下最重要的是什么

> 生活只在当下。如果放弃当下，你将无法细致深入地过好生活中的每一刻。
>
> ——一行禅师

非精要主义者	精要主义者
满脑子充斥着过去或未来	专注于当下
考虑过去或未来的重要事务	专注于当下的重要事务
为未来担心，为过去焦虑	享受当下

拉里·吉尔威克斯（Larry Gelwix）曾是高地中学的橄榄球队教练，在他执教的36年里，这支球队获得了418次胜利，20次荣膺全国冠军，仅有10次失败。对于他的成功，他是这样描述的："我们战无不胜。"有着高地中学这样的辉煌战绩，他说起这话来名正言顺，底气十足。但实际上，他真正所指的东西比这些赫赫战功更有意义。当他说"win"的时候，他同时也在用首字母缩写的形式表示一个问题，这个问题左右着他对球员们的期许：What's important now？（当下重要的是什么？）

通过让球员们充分重视此时此刻，专注于最重要的东西——不是下周的比赛，不是明天的练习，不是下一场球赛，而是此时此刻，拉里实现了让赢球几乎毫不费力。但他是如何做到的呢？

首先，当下重要的是什么？这是球员们在整场比赛中时刻不忘的问题。不再纠结于上一场比赛的失利，不再因为担心会不会输掉比赛而劳神费思，因为这样做没有任何益处，拉里鼓励球员们只专注于当下正在进行的比赛。

其次，当下重要的是什么？这个问题让他们专注于自己此刻的表现。拉里相信，取得胜利在很大程度上取决于球员们是否把重心放在自己的比赛或者对手的比赛上。如果球员们开始想着其他球队，那就丧失了焦点。不管是有意还是无意，如果他们开始想以其他球队的战术来进行比赛，那就分散了注意力，分化了战斗力。通过专注于此时此刻的比赛，他们可以统一战术，凝聚战斗力。这种高度团结可以让比赛战略执行起来顺利无阻。

可以肯定的是，拉里对胜负有着一套根本性的精要方略。他告诉球员们："输掉比赛和被人打败是不一样的。被人打败，意味着别人比你们更优秀。他们更快，更强，更有天赋。"对于拉里而言，输掉比赛有着不同的含义。它意味着你丧失了重心，意味着你不能在要事上专心致志。一个简单而又强大的理念告诉我们：要实现个人贡献峰值，你就必须全身心专注于此时此地的要事。

除了当下，别无其他

想想如何在你的生活中运用这个理念。你是否曾纠结于过去的错误……一遍又一遍，就像被按下重播键的录像机一样，无休无止地重放着？你是否因为担心未来而忧虑重重，任由光阴飞逝？你是否花更多的时间来思量以己之力无法控制的事情，而不去考虑自己有用武之地的可控之事？你可曾发现自己脑子里总是忙于筹备下一个会议，下一个任务或者下一阶段的生活，而对现在这个心不在焉？对过去的错误不能释怀，或者对未来要面临的事情颇有忧虑，也是人之常情。然而，在担心过去或未来上花费的任何一秒钟，都在分散抽离着你对此时此地重要事务的关注。

古希腊人有两个词用来表示时间。第一个是柯罗诺斯（Chronos），第二个是凯洛斯（Kairos）。希腊神柯罗诺斯的形象是一位白发苍苍的老人，他的名字在字面上意味着钟表的滴答声，就是我们用来计量的那种物理时间（要争分夺秒高效使用）。凯洛斯就不一样了。尽管它很难准确翻译，但它指的是恰好的，正确的和不同的。**柯罗诺斯代表着数量，而凯洛斯代表着质量、契机。后者只有当我们完全投入到此时此刻之中——活在当下，才能体会到。**

我们实际上就只有当下，这想来令人费解。照字面上来理解，我们不能控制未来，只能控制现在。当然，我们可以借鉴过去，也可以畅想未来。然而，只有在此时此地，我们才能执行真正重要之事。

非精要主义者总是念念不忘过去的成功或失败，并沉浸在未来的挑战和机遇里，因此错过了当下和此刻。他们注意力涣散，没有焦点，心不在焉。

精要主义者则聚焦于当下。他们体会着在凯洛斯时刻里的生命，专注于真正重要的事情——不在昨天，也不在明天，而是在当下。

最近，我和安娜在一个忙碌的工作日一起吃午饭。通常，在我们见面吃中饭的时候，都会忙不迭地了解对方早上忙了些什么，或者晚上要安排哪些活动，根本无暇享受此时此刻正在吃的这顿午饭。但这一次，上菜的时候，安娜提议做一个实验：我们全身心投入吃饭的这一刻。不再反刍早上的会议，不讨论孩子练完空手道谁去接，也不商量今晚做什么菜。我们有意放慢进餐速度，细嚼慢咽，充分享受此刻的午餐时光。我对此兴趣盎然。

正当我缓慢地吃下第一口食物时，变化出现了。我注意到了自己的呼吸。几乎是无意识地，我发现自己的呼吸在放缓。刹那间，就连时间也仿佛放慢了前进的脚步。我不再心不在焉，而是觉得自己的身心都完全融入了此处。

这种感觉陪伴我一直到了下午，那时我发现了另一个变化。没有什么能分散和打断我的思绪，我可以专心致志于自己的工作。我平静沉着，全心投入手头的任务之中，因此每一项都进展得很顺利。我不再像往常那样把自己的精力分散到很多很多相互抵触的主题上，而是专注于此刻最重要的那一个主题上。完成工作不仅变得很容易，而且还让我享受到了乐趣。这一刻，头脑变得灵光，灵魂也得到了滋养。

小野二郎是世界上最出色的寿司大师，也是大卫·贾柏（David Geld）执导的电影《寿司之神》（*Jiro Dreams of Sushi*）的主人公。在 85 岁那年，他已经做寿司做了几十年，对他来说，做寿司简直就是小菜一碟。但是，他的故事所要讲述的，绝不是一个熟能生巧、巧能生精的道理。看他做寿司，你会发现一个人完全地沉浸在了这一刻里。

精要主义者就是以这种方式度过整个人生的。正因为如此，他们会把全部精力投入手头的工作，心无旁骛，聚精会神。他们深知，事情的难易取决于努力与否，你若刻苦，它便容易；你若闲散，它便困难。

多任务执行与多点聚焦

从斯坦福大学毕业多年后，我偶然在学校碰到一位老同学。当时我正用学校一间办公室的电脑工作，他走过来跟我打了个招呼。短暂的寒暄之后，他告诉我，他正处于待业状态。他讲了讲自己想找的工作是什么样的，并问我能否帮忙。我于是问了他几个问题，看看怎样才能帮上忙。但是才聊了 20 秒，他就收到了一条手机短信。然后，他什么也没说，低头盯着手机看，并开始回复短信。面对这番情境，我就像往常一样，停下来等着。

10 秒钟过去了。我就站在那里，他继续拼命地发着短信，什么也不说，也不搭理我。出于好奇，我等着看这种情景究竟还会持续多久。但是等了足足 2 分钟，这对于等待的人来说已经算很久了，我放弃了等待，回到办公桌，继续自己的工作。又过了 5 分钟，他再次出现，并打断我的工作。这一次，他是想继续刚才的谈话，再次要求我帮他找工作。我知道有个岗位在招聘人，本来打算推荐给他的，但是出了刚才那件事后，我开始犹豫是不是要推荐他去参加面试，因为他可能会突然缺席：身体或许在那里，但思绪已飘远了。

讲到这里，你可能会希望我讲讲同时执行多项任务的坏处——真正的精要主义者从不会试图同时做一件以上的事情。但是，实际上，同时做两件事情轻而易举：洗盘子的时候听收音机，边吃边聊，一面收拾书桌一面琢磨上哪儿吃中饭，一边发着短信一边看电视，等等。

我们没法做的是同时专注于两件事情。当我谈到当下时，我并不是在主张同一时间只能做一件事情。我说的是，同一时间只专注于一件事情。**同时执行多项任务与精要并不冲突，假装自己可以多点聚焦才是精要的大敌。**

活在当下的三个技巧

为了充分投入当下的一切，我们该怎么做？以下是一些简单的技巧供参考。

1. 想清楚当下最重要的是什么

最近，我在纽约向一个领导团队讲了整整一天的精要主义。我尽情享受了这一天，并自始至终感受着当下。但当我回到酒店房间的时候，我突然感到自己被拉向了四面八方。身边每一样东西都在提醒着我应该做的一切：查看电子邮件，听留言，读一本自己觉得有必要读的书，从现在开始花几个星

Multitasking itself
is not
the enemy of
Essentialism;
pretending we
can"multifocus"is.

同时执行多项任务与精要并不矛盾，
假装可以多点聚焦，才是精要的大敌。

期准备一个报告，把这一天的经历触发的有意思的想法记录下来，以及其他事情。让我觉得不堪重负的，倒不仅是事情的数量，而是在同一时刻很多事情都争着抢着要被优先完成的这种压力，对此我再熟悉不过了。焦虑和紧张让我停了下来。我跪下来，闭上眼睛，问自己："当下重要的是什么？"沉思片刻后，我明白了，在知道当下重要的是什么之前，重要的是搞清楚"当下重要的是什么"这个理念！

我站了起来，开始整理。我把所有散乱地堆在我身边的东西收了起来，放到该放的位置上去，免得它们分散我的注意力，也免得我每次经过时，它们迫使我按它们的吩咐去做。我关掉了手机。别人没办法给我发短信，这让我如释重负。我打开笔记本记录下这一天，这让我收起了心。我用铅笔给脑海中出现的所有事情列了一个清单。为了明确任务，我问自己："你要做些什么才能平静地睡去？"我决定，第一重要的事是跟妻子和孩子们联系。接下来要做的就是能让次日早上的头几个小时尽可能轻松一些的事情：安排好叫醒服务和房内早餐，把幻灯片拷到电脑上，熨好衬衣。我划掉了当时并不重要的事情。

当你面临很多很多的任务，以至于不知该从何下手的时候，停下来，深呼吸。投入到当下，问问自己此时此刻最重要的是什么——不是明天最重要的是什么，甚至不是一小时后最重要的是什么。如果不确定，那就把所有争抢你注意力的事情都列出来，然后划掉所有此时此刻不重要的事情。

2. 专注当下，把未来清除出去

把未来清除出你的脑海，你将会更加专注于当下重要的。这个时候，我采取的下一步措施是坐下来，给那些可能重要的事情列一个清单——不是针对当下的。因此，我打开了日记本的另一页。这一次，我问自己：“因为今天发生的一些事，什么事是你某天想去做的？”这个清单不是用来记录确定承诺的，它只不过是用来把这些想法从脑子里清除出去，留在本子上而已。这样做有两个目的：第一，它保证了我不会忘了这些想法，它们也许将来会被证明有用；第二，它减轻了我必须现在就执行它们的那种压迫感和分心的危险。

3. 给每一个清单排列优先顺序

接下来，我给每一个清单都排列了先后顺序。然后，我开始做“当下重要的是什么”这个清单上所列的事情，一次一件。我冷静地完成着清单事项，每完成一件，就从清单上划掉。到了睡觉时间，我不但做完了所有需要在当时完成的事情，而且还因为认真专注而更出色、更高效地完成了任务。

凯洛斯时刻

杰夫瑞·罗杰斯（Jeffrey A. Rodgers）是 Cornish&Carey Commerical Newmark Knight Frank 的执行副总裁，曾有人向他传授了用停顿来放松的方法。那个时候，杰夫瑞意识到自己每天晚上下班回家时，思绪还牢牢地钉在跟工作有关的事情上。相信你我都有过这样的感觉：身体的确是离开了办公室，但是思绪却还在那里，因为脑子里总是无休无止地循环播放着白天的事情，并且担心着第二天必须要完成的各种各样的事情。

因此，现在当他到达家门口时，他就开始做被他自己称作“用来更新的停顿”。方法非常简单，他只是停一会儿，闭上眼睛，缓慢地深呼吸一次。当他呼气的时候，工作上的事情就烟消云散了。这样，他穿过前门，走近家人时，就已不再思虑重重。这正符合老子的主张：“事善能，动善时。”

越南籍佛教禅宗僧侣一行禅师被称作“世上最心平气和的人”，他花了一辈子的时间，探索如何活在凯洛斯时刻里，尽管叫法可能不同。他主张安住于正念或者保持“初心”。他曾写道：“正念帮助我们回到并安住于当下。每一次你回到当下，就会觉察到自己的幸福处境，幸福就来了。”

专注于当下，对他的一切行为都产生了影响。他每天都和其他僧侣们一道，用整整一个小时来享用一杯茶水。他解释说：“倘若你正要饮一杯茶，当你举着杯时，你仿佛在吸气，要将思绪带回己身，这样你就完全回归了当下。当你真正存在于当下时，生命也在那里，这杯茶水便是写照。在当下，你是真实的，茶水亦是真实的。你将不会被过去、未来、你的工作或者各种思虑所吞没。你将脱离所有这些苦恼，在自由状态中享受着这杯茶。这便是幸福，这便是平和。”

注意每一天里属于你的凯洛斯时刻。把它们写在日记里。想一想，是什么触发了这样的时刻，又是什么让你从中抽离。既然你已经知道是什么触发了这一时刻，那就努力重新创造它。

适应凯洛斯时刻，不仅有助于实现个人贡献峰值，而且还能让你的生活更幸福。

精要 TIPS

- 想清楚当下最重要的是什么。
- 专注当下，把未来清除出去。
- 给每一个清单排列优先顺序。

结 语

BE

The Essentialist Life

存在，设计你的精要人生

避免碌碌无为。

——苏格拉底

非精要主义者	精要主义者
把精要主义当成偶尔做的事情	把精要主义作为处理所有事情的生活方式
带着遗憾的痛楚回顾自己的人生	过一种有目的、有意义的生活

莫罕达斯·甘地（Mohandas K. Gandhi）早年留学英国，学习法律。他家庭殷实富裕，职业前景诱人，前途一片光明，每天醒来，都是信心满满。对于自己的主攻目标，他十分清楚：取得律师资格，然后过上舒适的生活。然而，正在他抓住时机进行环球旅行的时候，一切都变了。

甘地来到了南非，目睹了那里的压迫。突然间，他找到了一个更加崇高的目标：解放全世界被压迫者。

为了一心一意达到这个目标，他舍弃了生活中所有的其他事情。他把这个过程叫作“把自己降为零”。他穿着手织的土布衣服（印度土布），并鼓励追随者们也这样穿。他 3 年不看报纸，因为觉得报上的内容只会给他的生活带来不必要的混乱。他简餐缩食 35 年。他每周都有一天沉默不语。如果说他摒弃了消费主义，那就未免太过保守——离世的时候，他只有不到 10 样东西。

更重要的当然是他把毕生献给了帮助印度人民争取独立的伟大事业。他从未有意担任过任何形式的政治职务，但他被尊称为印度的“国父”。而他的贡献远不止于印度。甘地逝世的时候，美国国务卿乔治·马歇尔将军

（General George C. Marshall）说："圣雄甘地是人类良知的代言人，是他，用谦逊和真理的力量，战胜了帝国。"爱因斯坦评价他说："在未来的时代，可能极少有人相信，这样一个血肉之躯曾经在地球上匆匆走过。"

甘地的人生是一种真正有意义的人生，这恐怕是毋庸置疑的。

甘地是充分而完全地按照精要方式生活的典范，但我们没有必要为了从榜样中受益而亦步亦趋地去模仿他。我们可以净化非精要生活，拥抱精要生活——用自己的方式，在自己的时代，以自己的能量为限。我们要过的生活，不是简单足矣，而是要有巨大的贡献和伟大的意义。

精要生活

关于精要主义，有两种思维方式。第一种是把它当成偶尔做的事情；第二种是认为你就是它。在前一种思维中，精要主义是你早已过度填塞的生活中的又一种增加物。而在后一种思维中，精要主义则是一种不同的方式——一种用来处理所有事情的更简单的方式。它是一种生活方式，一种无所不包的生活和领导方法。它就是我们的本质所在。

精要主义在很多宗教传统中有着很深的渊源。释迦牟尼放弃了王族的生活，自愿选择了艰苦修行。他由此获得了顿悟，并创立了佛教。犹太教也有着相似的由来：它的创始人摩西也是放弃了他在埃及作为被收养王子的优裕生活，去往蛮荒之地过牧羊人的生活。就在那里，摩西亲眼看见耶和华的使者从燃烧着的荆棘丛里向他显现，知晓了自己最重要的使命就是带领以色列人脱离在埃及的奴隶生涯。先知穆罕默德过的也是一种精要生活：他缝补自己的鞋子和衣服，给自己的羊挤奶，还让自己的伊斯兰门徒们照做。施洗者约翰也是俭朴生活的典范：住在沙漠里，穿着粗陋的骆驼毛衣服，以蝗虫野蜜果腹。基督教贵格会信徒也是坚定地保持着信仰的精要元素：比如，他们实行“简单的明证”，承诺只过最基本的生活。当然还有耶稣，他曾当过木匠，后来在传道时也没有金银财宝，没有政治职务，没有财产。

可以看到，历史上还有很多形形色色的著名人物，都在生命中奉行了“更少，但更好”的哲学。举几个例子来说，史蒂夫·乔布斯、列夫·托尔斯泰、迈克尔·乔丹、沃伦·巴菲特、特蕾莎修女、亨利·大卫·梭罗（他曾写道：“我确实相信简单。这是惊人的，也是悲伤的。多少琐碎事务，就连最聪明的人也认为他必须照料一天……所以，要简化生命的问题，区分必要的和真实的。”）。

的确，在每一个人类活动领域的翘楚中，我们都能找到精要主义者。他们中，有宗教领袖、新闻记者、政治家、律师、医生、投资者、运动员、作家、艺术家，等等。这些人以各自不同的方式实现了个人贡献峰值。但是，他们共享着同一种品质：他们绝不只是在嘴上说说“更少，但更好”，而是深谋远虑地选择了全面拥抱精要主义。

不要在乎自己所在的职业、领域或者行业，我们也一样可以做出同样的选择。

彻底拥抱精要主义

到了本书的这个部分，你已经学到并吸收了所有的精要原理和技能。在本章中，我们必须采取最后一个步骤，学会运用这些技巧，不仅仅为了偶尔践行精要主义，而是为了要成为一个真正的精要主义者。

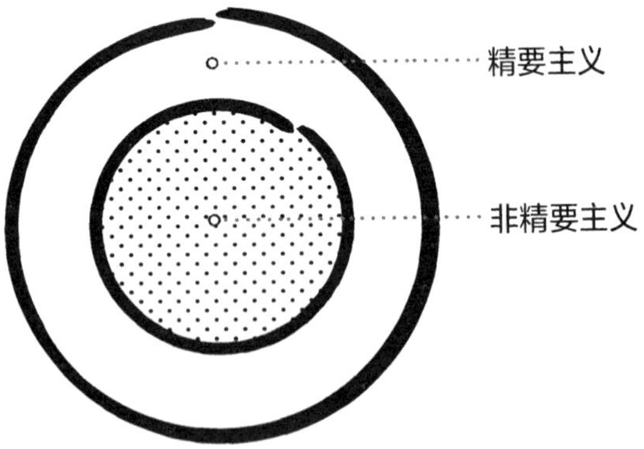
精要主义
非精要主义

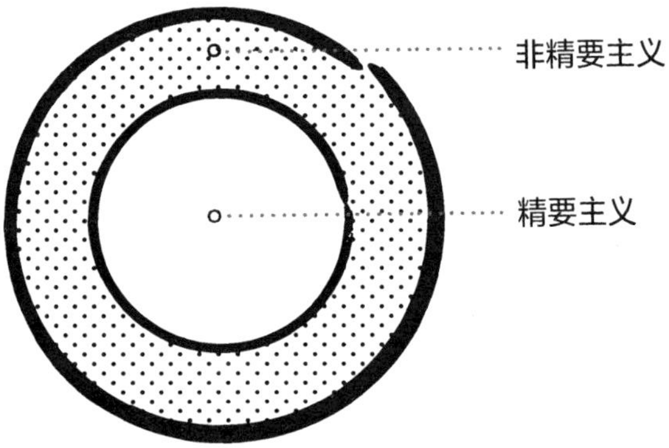
非精要主义
精要主义

一个碰巧采用精要行为的非精要主义者，和一个偶尔倒退回非精要行为中去的精要主义者之间，存在巨大的差别。问题在于你以哪个为主，哪个为次？绝大多数人身上，既有一点儿精要特征，又有一些非精要特质，但问题在于：你内在的核心究竟属于哪一类？

核心为精要主义的人，从投资中获得的收益远远大于那些表面精要的人。不错，收益是积少成多的。我们为追求精要方式和消除非精要方式所做的每一项选择都是精要主义自身发展的基础，它会变得越来越习惯成自然，直至成为实质上的习惯。假以时日，那个内在的核心就会向外扩张，直到它把我们仍深陷于非精要泥沼中的那部分几乎完全遮蔽。

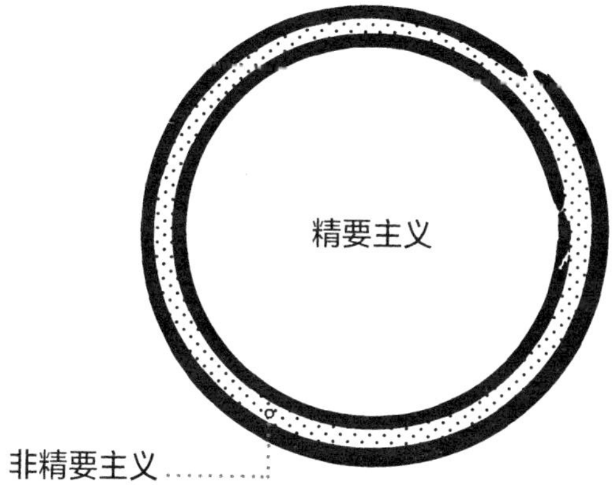

人们很容易陷入我们在本书前言部分讨论过的“成功的悖论”。我们有明确的目标，它能指引我们走向成功。但是，成功给我们带来了新的选项和机遇。这听起来很美妙，但是请记住，这些选项会在无意间分散我们的注意力，魅惑我们，引诱我们偏离正轨。目标的明确性被阴云遮蔽，很快我们就会发现自己因为同时在做太多的事情而心力交瘁。现在，我们无法实现个人贡献峰值，只能在无数个方向上取得一星半点儿的进步。最终，我们的成功会沦落为失败的催化剂。而摆脱这个恶性循环的唯一方法，就是精要主义。

但是，精要主义并不仅仅关乎成功，它关照的是一个有意义、有目标的人生。当我们回顾自己的工作和生活时，更愿意看到一条长长的，上面布满没有什么意义的“成就”的细目清单，还是仅有少许有着真正意义的主要成就的清单？

如果，你允许自己彻底拥抱精要主义，不管是在家里还是在单位，以那样的方式生活，用它来指导自己所做的每一件事情，那么，它便会成为你观察和理解世界的一种方式。深刻地改变自己的思维，直到我们已经讨论过的精要方法和你将开发的其他精要方法，变得自然而然，如同本能一般。

希腊语中有一个词叫“metanoia”，指的是心思的转变。人们常常认为，转变只发生在头脑中。但是正如一句谚语所说：“一个人在心里怎样思量，他就会如其所思。”一旦我们心中充满了精要的精髓，我们就是精要主义者。我们会变成一个不同的、更好的自己。

而一旦你成了精要主义者，就会发现你与其他任何一个人都不同。当别人满口答应时，你发现自己说的是“No”；当别人在埋头苦干时，你发现自己正在用心思考；当别人侃侃而谈时，你在细心聆听；当别人在聚光灯下为名为利你争我斗时，你却甘坐冷板凳，等待发光的那一天；当别人热衷于美化自己的简历、更新招聘网站上的个人档案时，你却正忙于一砖一瓦地构建有意义的事业大厦；当别人喋喋不休地抱怨（吹嘘）自己有多忙时，你却一笑而过，满怀同情，却一点儿也不认同；当别人活在压力和忙乱中时，你却过着一种有效率、极具满足感的生活。在一个每时每刻都有太多事情的今日社会，像精要主义者那样活着，在很多方面都无异于一种平静的革命行为。

完全过上精要生活，并不总是一帆风顺的。在很多方面，我自己也依然在与之抗争。别人要我做什么事情时，我还是会本能地想要去取悦他们，哪怕我明知此事并不重要。碰到机会时——尤其是那些好机会，我仍会禁不住想“我可以都做”，而实际上根本做不到。我还要努力抵抗那种急着查看手机的强烈冲动，在最糟糕的时候，我甚至怀疑自己的墓志铭会不会是“他查看了电子邮件”。我愿意第一个承认，转变并不会在一夜之间发生。

但是，时间长了，做起来自然就会越来越容易。拒绝变得不那么难受了。决定更清晰了。排除无关紧要的事情变得越来越自然和本能。我感觉自己对选择更加掌控自如，人生变得不同了。敞开心胸，全然拥抱精要主义，这些变化也会属于你。

现在，精要主义已不仅仅是我做的事情。我正在稳步成为一个精要主义者。刚开始时，它是一些有意为之的选择，然后就成了一种生活方式，接下来它将改造我，成为最核心的我。我几乎天天都会发现自己做的事情越来越少——为了贡献更多。

成为精要主义者于我的意义，完好地体现在一些小小的瞬间里。它意味着:

- 放弃社交活动，与孩子们在蹦床上摔跤嬉闹。
- 为了写作，拒绝了去年的国际客户。
- 每周留出一天不查看任何社交软件，让自己全身心沉浸在家里。
- 为完成这本书的写作，8 个月里每天早上 5 点起床，一直写作到下午 1 点。

- 推迟工作截止日期，和孩子们一同去野营。
- 出差时，不看电视或电影，以便有时间思考和休息。
- 经常一整天都在做当天最重要的工作，哪怕这意味着做不了自己任务清单上的其他事情。
- 把自己正在读的小说搁一边，因为它不是今天的头等要事。
- 过去 10 年中，一直保持几乎每天写日记的习惯。
- 放弃一次演讲的机会，与妻子安娜共度约会之夜。
- 为和 93 岁的爷爷通一次定期的电话，舍弃在 Facebook 上的时间。
- 拒绝斯坦福大学最近提供的讲师工作，因为知道这意味着我将没有时间通过讲座来传播精要主义，以及和家人在一起。

这张清单越拉越长，但是我要在此强调的是，聚焦在重要事务上是一种选择。它是你的选择。它本身是一种令人难以置信的解放。

几年前，在我放弃了法学院的学习之后，我思考着自己下一步的职业规划。安娜是我的决策参谋，我尝试了几十个，可能是几百个不同的想法。有一天，我们开车回家的路上，我说道："我去斯坦福完成研究生学业如何？"像这样"如果……怎么样"的问题实在太多了。通常情况下，这些想法都是昙花一现。但是这一次，我马上感到了一种明确性：就在那一瞬间，就在那些话刚刚脱口而出时，我知道，这就是我的精要道路。

因为当我想到其他规划时，这种明确性就消失了，这让我非常确信自己已经走上了正轨。有好几次，我开始投入其他规划，但总是没过几分钟就戛然而止，总是不对劲。因此，我把精力都集中在这一个规划上。在等待学校答复的过程中，出现了很多其他的机会，有一些相当有吸引力，但我全部拒绝了。尽管，对于学校是否会接纳我存在不确定性，但我并不感到焦虑和紧张。相反，我平静，专注，并掌控着一切。

我只申请了斯坦福大学——两次都是。当我最终在第二次收到邀请时，我再清楚不过地知道了这就是我应该做下去的最重要的事情。这是合适的时间里的一条合适的路。这是对精要主义的一种冷静的自我确认。

如果当初没有选择精要主义，我可能从来没有追求过“斯坦福或失败”的策略。我也许从来没有给《哈佛商业评论》写过文章。而且，毫无疑问，我也许永远写不出你们现在正在阅读、吸收，或者更幸运一些，正在认真思考如何转化成自己生活的这些文字。

自律地追求更少

成为精要主义者长路漫漫，但是它带来的收益是无穷无尽的。运用以下这些方法自律地追求更少，将会使你的人生不断向好。

1. 更大的明确性

还记得我们在本书前言部分讲到的那个比喻中的衣柜吗？当你继续清理人生的衣柜时，你将体会到自己正在重新整理真正重要的事务。生活将不再以高效地划掉任务清单上的事项或者仓促完成工作日程表上的一切为重，而是以改变最开始时把什么放入清单为重。每天，你将比前一天更清楚，最重要的事务何以能比仅次于它的重要事务重要得如此之多。这样一来，执行这些头等要紧的事务，就会变得越来越轻松。

2. 更强的掌控力

你将对自己停顿、推却或者慎重行事的能力拥有更多信心。你将越发感到自己不再为人所用去完成别人的任务清单或工作安排。记住，如果你不给自己的人生排列优先顺序，别人会来代劳。但是如果你决意要给自己的人生安排主次先后，你是可以做到的。决定权在于你。它是你的内在力量。

3. 更多的途中之乐

专注于当下的要事，将会使你充分享受此时此刻的人生。于我而言，生活在当下的一大好处是我能够留下快乐的回忆，它们只在沉浸于当下时才有。我笑得更多，我崇尚简单，我拥有更大的喜悦。

过一种真正重要而有意义的生活

精要主义者的生活是一种有意义的生活，它拥有真正的重要性。

关于这一点，我想到了一个故事。故事主人公的一个三岁大的女儿死了。在悲痛中，他打算把女儿短短小生命中的点点滴滴整合成一个视频。但当他浏览所有的家庭视频时，发现少了点儿东西。他给每次的家庭外出郊游和旅行都拍摄了视频，他有很多镜头——这不是问题所在。他后来发现，虽然有足够的镜头记录下了他们到过的地方—— 一家人看过的风景、尝过的美食、游览过的地标，但却几乎没有留下他女儿的特写镜头。一心忙于记录外围的景致，却遗漏了最重要的东西。

我在写作本书的过程中，深深领悟到了这个故事蕴含的两大最个人化的真理。第一，家庭在我生命中占据极其重要的地位。相形之下，其他所有的一切都将退化为毫无意义的东西。第二，生命留给我们的时间少得可怜。于我而言，这并不令我沮丧，反倒还让我觉得振奋。它消除了选择错误时的那种恐惧，让勇气深入我的骨髓。它挑战我，让我在使用宝贵的时间时——也许“宝贵”一词太过寡淡，挑剔得更加不近情理。我知道有个人，他在旅行时参观过世界各地的公墓。我开始时觉得有点儿奇怪，但是现在我认识到，这个习惯能让他把自身的必死命运放置于最重要的位置上。

精要人生，是一种了无遗憾的生活。如果你已经正确地识别出什么是真正的要务，并将自己的时间和精力投入其中，那么你很难会为自己做出的选择抱憾不已。相反，你将会为自己所选择的生活感到骄傲。

你愿意选择去过有目的、有意义的生活，还是愿意带着遗憾的痛楚回顾这只有一次的人生？如果你只能从本书中获得一点启发，我希望是：不管你在人生中面临什么样的决策、挑战，或是站在什么样的十字路口，简单地问问自己：“什么是重要的？”然后排除其余的一切。

如果你摩拳擦掌要向自己的内心探寻这个问题的答案，那么你就已经在精要道路上整装待发了。

As these ideas become emotionally true, they take on the power to change you.

当你感受到这些想法的真实性时，
它们就拥有了改变你的力量。

附　录

Leadership Essentials

从精要主义者，到精要领导者

毋庸置疑，少数极富思想而又信念坚定的人可以改变这个世界。这也确实是唯一可以改变世界的方法。

——玛格丽特 · 米德

	非精要领导者	精要领导者
思维模式	所有事，所有人	更少，但更好
人才	疯狂招聘员工，制造“傻瓜大爆炸”	对人才挑剔得近乎荒谬，淘汰拖团队后腿的人
战略	采取骑墙战略，把一切都视为优先事务	通过回答“如果只能做一件事，那是哪件？”来明确重要意图，淘汰无意义的分心物
授权	对于谁在干什么模棱两可。决策反复无常	高度关注团队每个成员的角色和贡献目标
沟通	讲话很隐晦	为弄清重要事情而仔细聆听
问责	检查大多内容或者一下子查清全部。扰乱团队目标，然后让该目标不了了之	与员工共同检查，逐步了解他或她是否可以排除障碍，实现一些小小的进展
结果	团队四分五裂，目标众多而散乱，进步微小而分散	团队步调一致，攻坚克难，迈上新台阶

领英的首席执行官杰夫·韦纳认为“更少，但更好”是领导力最强大的运行机制。当他执掌公司大权的时候，他可以很轻易地采用硅谷很多新创公司惯用的经营方法，让公司什么都做。但是，他却拒绝了很多的确很不错的机会，只为了能够抓住最好的机遇。他用“FCS”这个首字母缩写形式（来自 FOCUS）来向员工传授自己的思想。这几个字母代表的是：

- Fewer things done better（更少，但更好）
- Communicating the right information to the right people at the right time（在合适的时机向适宜的对象传递恰当的信息）
- Speed and quality of decision making（决策的速度和质量）

事实上，这些正是精要领导的意义所在。

精要团队

作为思维和行事的方式，精要不仅事关公司和团队的领导方法，而且也关系到我们如何管理自己的人生。事实上，我在本书中与大家分享的很多理念，最初就是在我同一些领导团队进行合作的过程中逐渐清晰明朗起来的。

我至今已经收集到了 500 多个人在 1 000 多个团队中的工作经历。我让他们回答了一系列问题，都是关于当他们在一个团结的团队里工作的时候，他们有什么样的感受，管理人起了什么样的作用，以及最后的结果如何。然后，我让他们对比一下当他们在一个分裂的团队里工作的时候，情况又是如何，管理人起了什么样的作用，这对最终结果造成了什么样的影响。

调查结果让人大吃一惊：当目标高度明确的时候，团队及其成员能够以压倒性的优势茁壮成长。而当他们对团队的目标及其自身的定位和角色严重不明确的时候，就会出现混乱、紧张、失望的局面，并最终导致失败。一位高级副总裁在看到其团队的结果时，简洁地概括道：**“明确性的意义堪比成功。”**

这从一个方面解释了为什么“更少，但更好”原则，不仅对于建设有作为的团队大有裨益，而且还有助于人们过上真正有意义的生活。今天的团队讲求速度和机会。当团队团结统一时，丰富的机会可以成为好事。然而，当团队缺乏明确的目标时，要从这形形色色的机会里辨别出哪些是真正重要的就会变得很困难。意想不到的后果就是非精要管理者会让自己的团队追求太多的目标——他们自己也会做太多的事情，结果导致团队发展停滞不前。而一位精要领导者会做出一种截然不同的选择。因为目标明确，她能够把“更少，但更好”的原则应用到人才选拔、方向指导、角色定位、沟通交流及责任追究等所有环节中去。结果，她的团队就能步调一致，攻坚克难，迈上新台阶。

精要领导者的要素

到了本书的这一部分，你已经了解到了非精要思维的种种弊端，并且用精要主义的基本原则替代了错误的逻辑。但是，精要主义并不只是对个体有意义。如果你担任着某种形式的领导职务，不管是在一个只有 2 个同事的团队，还是一个有着 500 员工的部门，又或是学校的某个社团，那么你在精要道路上要采取的下一个步骤，就是将同样的技巧和思维方法应用到你的领导工作中去。

将精要方法应用到领导力的每一个重要方面，好处是显而易见的。尽管如此，还是让我们再花点时间，简要地阐述一下这些内容，以便我们能够更加清楚地认识到，究竟应该如何做一个精要主义者领导者。

1. 对人才招聘挑剔得近乎荒谬

非精要主义者聘用员工的时候往往很疯狂、很冲动，然后就是为裁员或培训那些拖后腿的员工而忙得不可开交，无暇顾及正事儿。刚开始时，为了保持发展速度，这种聘用狂欢似乎也是情有可原。但在现实中，一次错误招聘的代价要远远大于一个人手短缺。招聘太多不合适的人（一次错误招聘往往会导致更多的错误招聘，因为一个不合适的人会吸引来更多不适合的人）的代价被盖伊·川崎（Guy Kawasaki）称作“傻瓜大爆炸”（Bozo explosion），他用这个术语来描述一个原本优秀的团队或公司陷入平庸时的境遇。

相反，一个精要领导者对人才极为挑剔。他会很自律地坚守完美的招聘标准不放松，不管要看多少份简历，参加多少次面试，开展多少次人才调查，他都会毫不犹豫地淘汰那些拖团队后腿的人。结果，这个队伍就成了一个全明星员工团队，他们共同打造了大于个体能力加总的集体合力。（要了解关于此主题的更多内容，请参考本书第 8 章）。

2. 在真正明确核心意图之前，不要停止争论

目标尚未明确，非精要领导者就实施了骑墙战略：他们试图追求很多目标，做很多事情。结果，团队的精力被分散到无数个方向上，而在每一个方向上取得的进步几近于零。他们在不重要的事情上耗费时日，而对真正重要的事情却疏于照管（请参考本书第 9 章中关于目标及核心意图的重要性的内容）。现在，公司机构中关于"一致性"的讨论非常多，的确，一个团队目标越是一致，其贡献就越大。明确的目标有助于实现一致性，而导向模糊则无一例外会导致偏差。

3. 支持极端授权

非精要主义者不给员工授权，对于谁在干些什么总是模糊不清。就保持队伍的灵活性而言，这样做常常是合乎情理的。但是，这样做导致的实际后果却是虚假的灵活性。当人们不知道自己究竟该对什么负责以及自己的业绩表现会被如何评价的时候，当决策是或者似乎是反复无常的时候，当角色定位不清晰的时候，他们很快就会放弃。或者更糟糕些，他们变得热衷于让自己显得很忙、很重要，而真正的工作却一点儿都不做。

精要主义者懂得，**授权的关键在于明确性。他不会让角色定位过于原则性和模糊。他会保证让团队中的每个人都真正清楚自己该做出什么样的贡献，**

以及其他员工都在贡献什么。最近，一位首席执行官坦陈，他的执行团队存在不明确性，这阻碍了整个公司的发展。为了弥补损失，他大大精简了工作程序，直到只剩下 4 份直接报告，而每一份都对公司的发展负有明确的功能性责任。

网络支付公司 PayPal 的创始人彼得·泰尔（Peter Thiel）是一位标新立异的企业家及风险投资家，他将“更少，但更好”的原则发挥到了另类高度。他坚持让 PayPal 员工只选择一种优先级任务，并且只专注于这个任务。PayPal 公司总经理基思·拉布伊斯（Keith Rabois）回忆说：“彼得要求每个人仅被分派一项优先处理事项。除了当前分派给你的首要任务之外，他拒绝同你讨论任何其他事项。甚至我们的 2001 年年度评审表也是要求每位员工只能确定一项个人对公司最有价值的贡献。”这样一来，员工们都获得了授权在明晰界定的任务范围内做任何事情，他们觉得这样可以为公司的共同使命做出更多贡献。

4. 在合适的时机向适宜的对象传达恰当的信息

非精要领导者说话很隐晦，因此员工不确定他们所说的究竟意味着什么，他们的指令常常不是笼统得无法执行，就是转变太快，以至于令人猝不及防。而精要领导者则在合适的时机向适宜的对象传达恰当的信息。他们说话简洁明了，在沟通中选择克制，从而让团队保持专注；他们说话清楚易懂，避免使用毫无意义的术语行话，传达的信息始终如一，听起来似乎还有点儿乏味。但这样做，团队成员就能够透过这些琐碎的噪声获得重要的信息。

5. 经常检查以保障有意义的进步

非精要领导者不重视责任追究。这其中主要的，也是显而易见的原因就是一个人追求的目标越多，就越难坚持完成所有的目标。实际上，非精要领导者可能会无意间教会员工根本不要期待善始善终。反过来，团队成员很快就会知道失败没有后果，他们会抄近路，或者优先做容易做的事情，而不是重要的事情。因为他们明白，领导宣布的每一个目标都不会被重视太长时间，它们很快就会被其他能引起瞬间兴趣的事情所取代。

精要领导者会花时间确定真正需要做的事情，从而让后续行动变得很容易，很顺利，而且真正做到善始善终。他们会经常与员工一起检查工作的进展情况，奖励他们的每一点进步，帮助他们扫除障碍，增强团队动力，保持团队专注性，让员工取得更加有意义的进步（请参考本书第 16 章的相关内容）。

按照“更少，但更好”的原则进行管理，有助于团队发挥集体优势，并成就真正卓越之事。

优秀的精要主义者、真正的先见型领袖埃拉·巴哈特（Ela Bhatt）女士，一生建树累累，比如获得了富有声望的英迪拉·甘地和平奖，创建了数十所旨在改善印度妇女贫困状况的机构（印度自我就业妇女协会），她是希拉里·克林顿心目中的女英雄之一。她这样写道：

在所有的美德中，我最崇尚的是简单。因此，我常认为简单可以解决几乎所有的问题，不管是个人的，还是世界性的。如果人生简单地过，那么人们就不用再频繁地撒谎、争吵、偷盗、嫉妒、发怒、虐待和杀戮。人人自足充裕，世间便无须再有囤积、投机、赌博和憎恨的行为。个性美好，你便美好。这就是简单之美。

实际上，这也是精要领导力的美丽之处。

不在琐碎中无足轻重

《精要主义》是一本永不会过时的书，因为它稳稳地戳中了人们在生活和职业中如何保持重心以对抗在琐碎中无足轻重这样一个永恒的命题。这一命题不仅令前人困惑不解，也足以让今人和后人绞尽脑汁。它同时又是一本非常及时的书。这是一个比以往任何时候都过度互联的时代，智能终端的束缚捆绑和超量信息的入侵干扰已经把人们切分成了越来越细碎的存在，如何保持自我的完整性以抵御在机械、琐碎和无效的囹圄中一步步滑向无足轻重的危机？以往面临危机时，人们往往都会自觉或不自觉地向古之智者先贤乞灵，但这一次也许不完全够，因为我们的时代给了这个难题鲜明的时代特征，它们构成了活生生的、无法挣脱的、不在其中不知甘苦的新的境遇，因此为难古人无异于作茧自缚。在这个时候，活跃在领导能力、战略设计、集体智能及人文系统研究一线的财经商业作家格雷戈·麦吉沃恩的《精要主义》一书，或许能给我们提供一种符合时代特质的解困视角。

人只要还有点儿向前的动力和扑腾的能力，就不会甘于成为庸碌之辈，因此很多人为了最大限度地实现价值而东奔西突。但是任何成功和对成功的追逐都不能脱离具体的、现实的社会条件，因此认清现实无疑是找到出路的首要条件。在林林总总的社会现实中，格雷戈·麦吉沃恩在书中精要地揭示了我们今天面临的一些突出现实。其一，技术的发展和信息的互通等条件为人类的开疆拓土和外援求索提供了更多选择，但选择的质量却不尽如人意。现代管理学之父彼得·德鲁克曾说："这是历史上第一次，拥有选择的人的数量有了极大增长。而我们的社会却还没有完全准备好应对这一切。"我们没有准备好，在一定程度上是因为这是第一次，我们面临的选择之多大大超过了我们对此进行管理的能力，无法将重要之事从不重要之事中筛选出来，这导致了选择质量的恶化。其二，除了选择数量大大增长之外，干扰我们做出明智决定和行为的外部影响因素的力量和数量也在增长。以手机 24 小时待命和信息实时回应等为代表的极端任务指令无时无刻不在宣告着外在世界对人的期待和要求正在呈指数级增长。因为无法在万事万物中择其精要而为之，还要对各种外部期待和要求俯首帖耳、唯命是从，因此满世界都是一个个方向不明、轻重不辨、气喘吁吁的累人或累人联合体——企业。盲目地追求更多，让本已经负重过度的生活和事业雪上加霜，进而与价值实现的目标南辕北辙。

新的现实需要新的做法和活法来成就有效率、有质量、有意义的事业和人生，而做法活法千千万，没有人能够显展其于万一，因此明智之举是寻得法中之法、路中之路。本书孜孜传达的精要主义在某种程度上就是对法中之法、路中之路积极探求所得的成果。用作者的话说，精要是一种自律、系统的方法，用于主动自觉地决定个人贡献峰值所在，然后斩除一切障碍和冗余，轻松自如地执行那些最重要的事。它的基本价值主张可以概括为：若要最大限度成就真正重要之事，切忌贪多求全，事事应揽。而其中所谓的精要，根据作者的逻辑，则不外乎精华、精髓、重要和本质之所在。

曾经成功过的人和企业需要精要主义，而正处在成功华冠上的人和企业似乎也不能例外。不少成功到头来都摆脱不了一种悲剧性的命运，因为它不过是一种瞬间状态而已，在某种条件下甚至还可能发展成一种自掘坟墓的矛盾性存在。目标明确、重点突出和在要事上心无旁骛，可以帮助人们取得成功，成功会带来更多的机会和选择项，而更多的机会和选择项却导致了精力的分散和更多时间的占用，人们被千头万绪之事牵扯得越来越无法集中精力，因而也就无法实现原本可以实现的个人贡献峰值。成功所带来的后果最终瓦解了最初指引我们走向成功的那个真正清晰的目标，让我们偏离了最本质的事情，这些事情最初曾是成功的源泉。一旦偏离精华和本质，对成功的追求最终就成了失败的催化剂。这种悖论无时无刻不在提醒着我们要不断地回到那个有助于实现个人贡献峰值的精要目标上去，运用精要思维，像精要主义者那样思考、行动和生活。

从对精要主义的技术性剖解入手，本书逐层深入地揭示了精要主义在其作用力和影响力范畴内的三重境界：如何做好一件具体的事情，如何成就成功的人生和事业，如何满足一个世界性的需求。同时，作者牢牢地遵循着精要主义讲求本质和精髓的思路，在精要主义究竟是什么的多种可能性解答中，着力聚焦于精要主义的三种最基本的属性：一种做一切事情的不同方法，一种观察和理解世界的思维方式，以及一种本质的、核心的存在方式，也就是说你就是它，它就是最核心的你。旁征博引和破立并进是本书在写作中的两大突出特点。在本书提供的丰富例证中，我们遇见了无数践行精要主义的知名企业和商业精英，比如有勇气对史蒂夫·乔布斯说“不”的平面设计师保罗·兰德，抽出整整一周时间专门思考和阅读的比尔·盖茨，以及Google公司著名的小憩舱。也看清了无数和自己类似的普通人在偏离或者遵循精要主义时，人生和事业迥然不同的境遇。面对在看清后该如何行动的追问，作者在边破边立中规划了一条步骤清晰的精要人生实现路径。这条路，不仅通向成功，还关照着一个有意义、有目标的人生，人类各个活动领域的翘楚，如圣雄甘地、佛祖释迦牟尼、先知穆罕默德等都汇聚于此，他们以“把自己降为零”的先驱者姿态昭示着简化生命的非凡意义。

法国作家维克多·雨果曾说：“世上有一种东西比所有的军队都更为强大，那就是恰逢其时的一种理想。”在这过度互联的时代中，要找回淹没在海量信息中的知识，要在数不胜数的事务中集中攻克有意义的少数，要在生活和工作的多种过法和做法中心无旁骛地聚焦于最重要的那种，要在纷纷扰扰的逐利世界中旗帜鲜明地活出超越空洞追求的意义，精要主义正是恰逢其时的一种原理。

也许出身际遇天注定，祸福兴衰如天之风云般不可测，修成圣贤、臻于翘楚对于万众而言最终可能只是个终不可及的幻影，但在人力所能左右的疆域里，于抉择取舍之间时刻倾听内心志向之声，于千头万绪中明辨轻重缓急，于万事万物中斩断一切有碍进步之事，藏大局于胸，不为一时一事所缚，进退有度，涵养心智，活在当下，尽享途中之乐，这或许是人人皆可为之的。

翻译此书的日日夜夜，我于笔耕的辛苦中对精要主义产生了深深的敬意。我也是忙于不重要的多数人，幸福的是我比很多人提前获得了这种拨云见日般的启悟，它时常鞭策我去全神贯注地聚焦于真正该做的要事上，而我也真的这么做了。感谢湛庐文化把此书的翻译任务交给我。感谢张云美、邵永康、黄文忠、黄卓然、邵信定、何扣红、罗雪挥等亲朋好友的关心、帮助和支持。感谢在我成长路上以各种形式帮助过我或即将帮助我的每一个人。

未来，属于终身学习者

我们正在亲历前所未有的变革——互联网改变了信息传递的方式，指数级技术快速发展并颠覆商业世界，人工智能正在侵占越来越多的人类领地。

面对这些变化，我们需要问自己：未来需要什么样的人才？

答案是，成为终身学习者。终身学习意味着具备全面的知识结构、强大的逻辑思考能力和敏锐的感知力。这是一套能够在不断变化中随时重建、更新认知体系的能力。阅读，无疑是帮助我们整合这些能力的最佳途径。

在充满不确定性的时代，答案并不总是简单地出现在书本之中。“读万卷书”不仅要亲自阅读、广泛阅读，也需要我们深入探索好书的内部世界，让知识不再局限于书本之中。

湛庐阅读 App：与最聪明的人共同进化

我们现在推出全新的湛庐阅读 App，它将成为您在书本之外，践行终身学习的场所。

- 不用考虑“读什么”。这里汇集了湛庐所有纸质书、电子书、有声书和各种阅读服务。
- 可以学习“怎么读”。我们提供包括课程、精读班和讲书在内的全方位阅读解决方案。
- 谁来领读？您能最先了解到作者、译者、专家等大咖的前沿洞见，他们是高质量思想的源泉。
- 与谁共读？您将加入到优秀的读者和终身学习者的行列，他们对阅读和学习具有持久的热情和源源不断的动力。

在湛庐阅读 App 首页，编辑为您精选了经典书目和优质音视频内容，每天早、中、晚更新，满足您不间断的阅读需求。

【特别专题】【主题书单】【人物特写】等原创专栏，提供专业、深度的解读和选书参考，回应社会议题，是您了解湛庐近千位重要作者思想的独家渠道。

在每本图书的详情页，您将通过深度导读栏目【专家视点】【深度访谈】和【书评】读懂、读透一本好书。

通过这个不设限的学习平台，您在任何时间、任何地点都能获得有价值的思想，并通过阅读实现终身学习。我们邀您共建一个与最聪明的人共同进化的社区，使其成为先进思想交汇的聚集地，这正是我们的使命和价值所在。

Greg McKeown. Essentialism: The Disciplined Pursuit of Less

This translation published by arrangement with Currency, an imprint of Random House, a division of Penguin Random House LLC.
Illustrations by Amy Hayes Stellhorn and her team at Big Monaclewww.bigmonacle.com

北京市版权局著作权合同登记号　图字：01-2023-4315

图书在版编目（CIP）数据

精要主义 /（英）格雷戈·麦吉沃恩（Greg McKeown）著；邵信芳译. -- 北京：中国财政经济出版社，2023.8
书名原文：Essentialism
ISBN　978-7-5223-2373-2

Ⅰ. ①精…　Ⅱ. ①格…　②邵…　Ⅲ. ①商业管理　Ⅳ. ① F712

中国国家版本馆 CIP 数据核字（2023）第 138134 号

责任编辑：潘　飞　　　　责任校对：胡永立
封面设计：湛庐文化　　　责任印制：张　健

精要主义
JINGYAO ZHUYI

中国财政经济出版社 出版
URL：http://www.cfeph.cn
E-mail:cfeph@cfemg.cn

社址：北京市海淀区阜成路甲 28 号　　邮政编码：100142
营销中心电话：010-88191522
天猫网店：中国财政经济出版社旗舰店
网址：https://zgczjjcbs.tmall.com
唐山富达印务有限公司印装　　各地新华书店经销
成品尺寸：170mm×230mm　　16 开　　19.25 印张　　210 000 字
2023 年 9 月第 1 版　　2023 年 9 月河北第 1 次印刷
定价：109.90 元
ISBN 978-7-5223-2373-2
（图书出现印装问题，本社负责调换，电话：010-88190548）
本社图书质量投诉电话：010-88190744
打击盗版举报热线：010-88191661　　QQ：2242791300